Schoebe® Elementargrammatik

mit Rechtschreibung und Zeichensetzung

Verfasst von Gerhard Schoebe

Oldenbourg

Aus Gründen des angenehmeren Leseflusses wird auf die Nennung der jeweils weiblichen und männlichen Form verzichtet. Damit ist keineswegs eine Diskriminierung beabsichtigt: Die Verwendung des Maskulinums bei Bezeichnungen wie „Schüler", „Schreibender", „Sprecher" o. Ä. schließt immer auch Schülerinnen, Schreibende und Sprecherinnen mit ein.

Auskünfte zur Rechtschreibung und zu stilistischen und grammatischen Fragen erteilen:

Gesellschaft für deutsche Sprache
Sprachberatung
Telefon 06 11-99 95 55
(montags bis donnerstags von 9 bis 12.30 Uhr und von 14 bis 16 Uhr, freitags von 9 bis 12.30 Uhr)
Spiegelgasse 11
65183 Wiesbaden

Sprachberatungsstelle der Dudenredaktion
Telefon 01 90-87 00 98
(montags bis freitags von 9 bis 12 Uhr und von 14 bis 17 [freitags bis 16] Uhr)
Postfach 10 03 11
68003 Mannheim

Grammatikalisches Telefon Potsdam
Telefon 03 31-9 77 24 24
(montags bis freitags von 10 bis 12 Uhr)

Grammatikalisches Telefon Aachen
Telefon 02 41-8 01
(montags bis freitags von 10 bis 12 Uhr)

Das Papier ist aus chlorfrei gebleichtem Zellstoff hergestellt, ist säurefrei und recyclingfähig.

© 1996 Oldenbourg Schulbuchverlag, München
www.oldenbourg-bsv.de

Das Werk und seine Teile sind urheberrechtlich geschützt. Jede Nutzung in anderen als den gesetzlich zugelassen Fällen bedarf der vorherigen schriftlichen Einwilligung des Verlages. Hinweis zu § 52 a UrhG: Weder das Werk noch seine Teile dürfen ohne eine solche Einwilligung eingescannt und in ein Netzwerk eingestellt werden. Dies gilt auch für Intranets von Schulen und sonstigen Bildungseinrichtungen.

Dieses Werk folgt der reformierten Rechtschreibung und Zeichensetzung.

2. Auflage 2003
Unveränderter Nachdruck   06   05   04

Die letzte Zahl bezeichnet das Jahr des Drucks.

Lektorat: Anne-Kathrein Schiffer, Jana de Blank (Assistenz)
Herstellung: Johannes Schmidt-Thomé
Umschlaggestaltung: Groothuis, Lohfert, Consorten, Hamburg
Umschlagkonzeption: Mendell & Oberer, München
Satz: Oldenbourg Datentechnik, Kirchheim
Druck: Druckerei Appl, Wemding

ISBN 3-486-**88263**-5

Inhalt

Wortarten ... 4
Überblick ... 4
Flektierbare Wortarten ... 4
Unflektierbare Wortarten ... 9

Formenwelt des Verbs ... 11
Die vier Gefüge des Verbs (Überblick) ... 11
Die Personalformen und die infiniten Formen ... 11
Die Tempora ... 12
Die Handlungsarten ... 15
Die Modi ... 17

Satzglieder ... 22

Syntax ... 26
Hauptsatz und Nebensatz ... 26
Der Hauptsatz ... 26
Der Nebensatz ... 28

Wortarten, Satzglieder, Satzarten ... 31

Rechtschreibung ... 34
Rechtschreibhilfen ... 34
Lange und kurze Vokale: Übersicht ... 35
Lange und kurze Vokale: Grundsätze ... 36
Lange Vokale: Besonderheiten ... 36
Kurze Vokale: Besonderheiten ... 38
Konsonanten ... 42
Vorsilben und Nachsilben ... 52
Getrennt- und Zusammenschreibung ... 53
Groß- und Kleinschreibung ... 66
Worttrennung am Zeilenende ... 72

Zeichensetzung ... 73
Punkt ... 73
Komma ... 73
– in Satzgefügen und Satzreihen ... 74
– in Aufzählungen ... 79
– mögliche Kommasetzung ... 82
Semikolon ... 82
Doppelpunkt ... 83
Apostroph ... 83
Anführungszeichen ... 83
Zeichensetzung bei direkter Rede ... 84

Register ... 87

Wortarten

Überblick

1

Wörter, die man verändern (beugen) kann: flektierbare Wortarten			
Wortart	Leistung	Beispiel	flektierte Formen
Verb	Tätigkeitswort	laufen	(du) l*äu*fst, er l*ie*f
Substantiv (Nomen)	Hauptwort, Dingwort	Kopf	K*ö*pf*e*, (des) Kopf*es*
Artikel	Geschlechtswort	der	d*ie*, d*es*, d*em*
Adjektiv	Eigenschaftswort, Artwort	schön	(das) schön*e* (Haus) (das) schön*ere*, (das) schön*ste* (Haus)
Pronomen	Fürwort		
Personal-		ich, du, er, sie, es, wir	*mir, mich, ihm*
Possessiv-		mein, dein, sein	mein*e*
Demonstrativ-		dieser	dies*e*
Relativ-		der, welcher	d*ie*, welch*e*
Frage-		wer? was?	we*ssen*?
Reflexiv-		sich	*mich, dich*
Indefinit-		niemand	niemand*em*
Numerale	Zahlwort	drei erster	(den) drei*en* (dem) ers*ten*

Wörter, die man nicht verändern (beugen) kann: unflektierbare Wortarten			
Wortart	Leistung	Beispiel	flektierte Formen
Partikeln			
Adverb	Umstandswort	hier, heute, sehr	
Präposition	Verhältniswort	in, vor, mit	
Konjunktion	Bindewort	und, aber, denn, weil	
Interjektion	Ausrufewort	oh!	

Bezeichnung	Leistung	Beispiel

Flektierbare Wortarten

2 **Das Verb**

Tätigkeitswort;
drückt
– Tätigkeiten (Handlungen),
– Vorgänge,
– Zustände
aus.

Ernie *brachte* den Abfall *fort*.
Jetzt *spielt* Ernie mit dem Ball.
Der Ball *rollt* unter den Tisch.
Bert *liegt* im Bett.

Bezeichnung	Leistung	Beispiel

Konjugation (Beugung)

Person	Numerus (Zahl)	
	Singular (Einzahl)	**Plural** (Mehrzahl)
1.	ich lauf*e*	wir lauf*en*
2.	du l*äu*f*st*	ihr lauf*t*
3.	er, sie, es l*äu*ft	sie lauf*en*

Wie erkennt man ein Verb?

In einem Satz findet man das Verb heraus, wenn man ihn
– in eine andere Person

– oder in eine andere Zeit setzt.

Das Verb *ändert sich* dabei.

Ernie brachte den Abfall in die Mülltonne.
Er brachte den Abfall in die Mülltonne.
Du *brachtest* den Abfall in die Mülltonne.
Er *bringt* den Abfall in die Mülltonne.

bringen ist das Verb.

Wortaufspaltung beim Verb

Viele Verben sind zusammengesetzt aus **Grundwort** und **Verbzusatz.**
Bei den meisten von ihnen **zerlegt sich** das Verb im Satz.

fortbringen, anrufen, untersuchen

bringen + fort
Er *brachte* den Abfall *fort*.
(Dieses Verb ist eine **trennbare [auch: unfeste] Zusammensetzung.**)

3 Das Substantiv (auch genannt: **Das Nomen**)
(Plural: *die Substantive, die Nomen*)

Namenwort, Dingwort, Hauptwort;
benennt
– Lebewesen,

– Pflanzen,
– Dinge,
– Gedankendinge (abstrakte Begriffe, Wahrnehmungen, Gefühle und Ähnliches).

Karl, Bruder, Nachbarin, Busfahrer; Elefant

Rose
Haus, Bus, Teller, Gabel
Freundschaft, Verdacht, Wärme, Gebell, Durst, Freude, Angst, Aufregung

4 Der Artikel

Geschlechtswort, „Begleiter" eines Substantivs (Nomens)

bestimmter Artikel

der Bruder, *die* Schwester, *das* Kind, *die* Brüder

unbestimmter Artikel

ein Onkel, *eine* Tante, *ein* Auto

	Bezeichnung	Leistung	Beispiel

5 Deklination
(Fallsetzung)

Es heißt:
der Numerus;
Plural:
die Numeri;

der Kasus,
Plural:
die Kasus.

Kasus (Fall)	Numerus			
	Singular			Plural
	Genus			
	Mask.	Fem.	Neutr.	
1. Fall **Nominativ** (Werfall)	d*er* Hund	d*ie* Katze	d*as* Huhn	d*ie* Hund*e*
2. Fall **Genitiv** (Wesfall)	d*es* Hund*es*	d*er* Katze	d*es* Huhn*s*	d*er* Hund*e*
3. Fall **Dativ** (Wemfall)	d*em* Hund	d*er* Katze	d*em* Huhn	d*en* Hund*en*
4. Fall **Akkusativ** (Wenfall)	d*en* Hund	d*ie* Katze	d*as* Huhn	d*ie* Hund*e*

Das Genus
(Plural: *die Genera*)
Es gibt drei Genera:
Maskulinum
Femininum
Neutrum

grammatisches Geschlecht

„männlich"   *der* Gegenstand
„weiblich"   *die* Sache
„keines von beiden"   *das* Ding
(sächlich)

6 Das Adjektiv

Artwort, Eigenschaftswort; bezeichnet Art, Eigenschaft, Merkmale von
– Personen und anderen Wesen, Pflanzen, Dingen, Gedankendingen,
– Tätigkeiten, Vorgängen und Zuständen.

lustig, sportlich, dunkel, kurz

Der *lustige* Jonas pfeift.

Boris sortiert die Fotos *sorgfältig*.

Fast alle Adjektive sind steigerungsfähig:

Der Positiv   Grundstufe (Normalstufe)   hübsch, schlau, dick

Der Komparativ   höherer Grad   hübsch*er*, schlau*er*, dick*er*

Der Superlativ   Höchstgrad   (der) hübsch*este*, schlau*este*, dick*ste*; am sorgfältig*sten*

Bezeichnung	Leistung	Beispiel

7 Die Pronomen
(Singular: *das Pronomen*)

Pronomen bedeutet wörtlich:
1. ‚für ein Nomen'
2. ‚vor einem Nomen'

Fürwörter;
entweder „Stellvertreter"

oder „Begleiter" zu einem Substantiv (Nomen).

Fast alle Pronomen sind deklinierbar.

Ich finde *es* schön (das neue Fahrrad).
es als Stellvertreter für *Fahrrad*
mein Fahrrad

dieser, dies*es*, dies*em*, dies*en*

a) Das Personalpronomen

persönliches Fürwort
- „Stellvertreter" für Substantive (Nomen),
- benennt nicht, aber **steht für**
  – Personen und andere Wesen,
  – Pflanzen,
  – Dinge,
  – Gedankendinge.

ich; du; er, sie, es; wir; ihr; sie

	Numerus:	Singular				Plural		
	Person:	1.	2.	3.		1.	2.	3.
Kasus	Nom.	ich	du	er	sie	es	wir	ihr	sie
	Gen.	meiner	deiner	seiner	ihrer	seiner	unser	euer	ihrer
	Dat.	mir	dir	ihm	ihr	ihm	uns	euch	ihnen
	Akk.	mich	dich	ihn	sie	es	uns	euch	sie

Höflichkeitsanrede

	Singular	Plural
	Eine Dame und/oder ein Herr wird angeredet:	Mehrere Damen und/oder Herren werden angeredet:
Nom.	Sie	Sie
Gen.	Ihrer	Ihrer
Dat.	Ihnen	Ihnen
Akk.	Sie	Sie

b) Das Possessivpronomen

Fürwort für die Zugehörigkeit
- „besitz"anzeigendes Fürwort
- fast immer „Begleiter" von Substantiven (Nomen)

mein, meine, mein; dein; sein; meins usw.

Mein Pullover ist grün.

7

Bezeichnung	Leistung	Beispiel

c) Das Demonstrativpronomen

hinweisendes Fürwort

dies; dieser, diese, dieses, diese; jener; der; derjenige; (ein) solcher; derselbe; selbst

- entweder auswählender und verstärkender „Begleiter" von Substantiven (Nomen)

Nimm *diese* Schraube!

- oder „Stellvertreter" für Substantive (Nomen) [so wie das Personalpronomen]

Daniela gab den Ball an Paul ab. *Dieser* schoss.

d) Das Relativpronomen

Beziehungsfürwort, bezügliches Fürwort;

der, d*ie*, d*as*; d*ie* welcher, welch*e*, welch*es*; welch*e*; wer, was

- leitet einen Nebensatz ein

Die Bastelanleitung, *die* Sascha mir geliefert hat, konnte ich gut verstehen.

und bezieht ihn
– auf ein Substantiv (Nomen) oder Pronomen des übergeordneten Satzes

Ich suche das Bastelbuch, *das* Tina mir mitgebracht hat.

Das ist es, *was* ich jetzt brauche.

– oder auf den ganzen übergeordneten Satz;

Ich verstehe genau, *was* du meinst.

- meistens „Stellvertreter";

das Buch, *das* du suchst

- manchmal „Begleiter" zu einem Substantiv (Nomen).

Ich weiß, *welches* Buch du meinst.

Das Relativpronomen *der, die, das* wird so ähnlich dekliniert wie der bestimmte Artikel (vgl. Bemerkung neben der Tabelle).

(Diejenigen Formenbestandteile, die von der Deklination des bestimmten Artikels abweichen, sind durch Schrägdruck gekennzeichnet.)

Relativpronomen	Singular			Plural
	Mask.	Fem.	Neutr.	
Nominativ	der	die	das	die
Genitiv	des*sen*	der*en*	des*sen*	der*en*
Dativ	dem	der	dem	den*en*
Akkusativ	den	die	das	die

e) Das Fragepronomen (Interrogativpronomen)

Fragefürwort;
- leitet einen Fragesatz ein,
- ist entweder „Stellvertreter"
- oder „Begleiter" zu einem Substantiv (Nomen).

wer? was? welcher?
Wer hat angerufen?
Welchen Pulli soll ich anziehen?

f) Das Reflexivpronomen

rückbezügliches Fürwort;
- bezieht sich zurück auf den Handelnden.

Sie freut *sich* über das Geschenk.

Bezeichnung	Leistung	Beispiel
g) **Das Indefinit-pronomen**	unbestimmtes Fürwort, Pronomen der Menge; • meist „Stellvertreter" von Substantiven (Nomen) • Manche von ihnen kann man nicht deklinieren.	jemand, man, niemand; mancher, einige, alle, alles; jeder, keiner, kein; etwas, nichts man, etwas, nichts
8 Das Numerale (Plural: *die Numeralia* oder: *die Numeralien*) **Kardinalzahl**	Zahlwort Grundzahl • Die Kardinalzahlen sind Adjektive, deren Wortinhalt eine Zahl ist. • Die Großzahlen sind jedoch ihrer Form nach Substantive (Nomen), die Bruchzahlen hingegen Adjektive, manchmal substantiviert.	 eins, zwei, dreißig, hundert einer, ein, der eine, beide, halb eine Million viertel, drittel, halb, ein *halbes* Kilo; das Viertel
unbestimmtes Zahlwort (unbestimmtes Numerale)		viel(e) (mehrere, die meisten), wenig(e); einzig(e), übrig(e), verschieden(e)
Ordinalzahl	Ordnungszahl • Die Ordinalzahlen sind Adjektive, deren Wortinhalt eine Zahl ist.	(der, die, das) erste, zweite, dritte usw. das *dritte* Kind

Unflektierbare Wortarten

Die Partikel Oberbegriff zu Adverb, Präposition und Konjunktion (Plural: *die Partikeln*)	Partikel Adverb — Präposition — Konjunktion	
9 Das Adverb (Plural: *die Adverbien*)	„Umstandswort", Lagewort; bezeichnet die näheren Umstände, macht Angaben – zur Lage im Raum, – zur Lage in der Zeit, – zur Art und Weise und zum Grad, – zur gedanklichen Verknüpfung.	 hier, da, dort, oben, vorn, überall, links, innen, draußen, aufwärts, irgendwo, nirgends usw. dann, da, damals, gestern, heute, morgen, morgens, neulich, vorher, noch, nun, oft, immer, niemals, nicht, irgendwann usw. gern, so, anders, wohl, vielleicht usw. deshalb, folglich, infolgedessen, sonst, dennoch, trotzdem, auch

Bezeichnung	Leistung	Beispiel
	Man kann mithilfe von Adverbien die Bedeutung von Wörtern näher bestimmen:	
	– eines Substantivs (Nomens)	Der *Tempel* *drüben* gehört zu Liliputs Hauptstadt.
	– eines Verbs	Die Liliputaner *haben* sich *sehr* gefreut.
	– eines Adjektivs	Gulliver war *sehr* müde.
	– eines Adverbs	Der Kaiser gähnte *sehr* oft.
	Man kann mit ihrer Hilfe auch das gedankliche Verhältnis zwischen zwei Sätzen ausdrücken.	Gulliver war müde, *auch* der Kaiser gähnte.
Das Frageadverb	dient zur Einleitung einer Frage.	wohin? wo? wann? wie? warum? wozu?
Das Relativadverb	bezieht einen Nebensatz auf den übergeordneten Satz (vgl. Nr. 40 und 7 d).	Gulliver wusste nicht, *woher* die vielen Menschen kamen. wo, wann, wie, weshalb, worüber
10 Die Präposition	Verhältniswort; steht vor einem Substantiv (Nomen)	Meine Schwester besucht *in* Köln die Fachschule. Sie wohnt *bei* meiner Tante.
	oder Pronomen.	Ich will *mit* ihr die Weihnachtsausstellung besuchen.
	Die Präposition wird manchmal mit dem Artikel verschmolzen. zu + der = zur in + dem = im	Sie geht in Köln *zur* Fachschule.
11 Die Konjunktion	Bindewort;	und, oder, aber, denn, weil, dass
	• verbindet Wörter, • Satzglieder • und ganze Sätze miteinander.	Die Liliputaner sind klein *und* leicht *und* haben nur geringe Körperkräfte, *aber* sie können dennoch schwere Lasten bewegen, *denn* sie sind gute Techniker.
– nebenordnende	verknüpft aneinander gereihte Hauptsätze.	und, oder, aber, sondern, denn Sie lief, *denn* es regnete heftig.
– unterordnende	ordnet den Nebensatz einem Hauptsatz oder einem anderen Nebensatz unter.	dass, weil, ob, als, wenn, nachdem, obwohl Sie lief, *weil* es heftig regnete.

Bezeichnung Leistung Beispiel

Formenwelt des Verbs

Die vier Gefüge* des Verbs (Überblick)

12

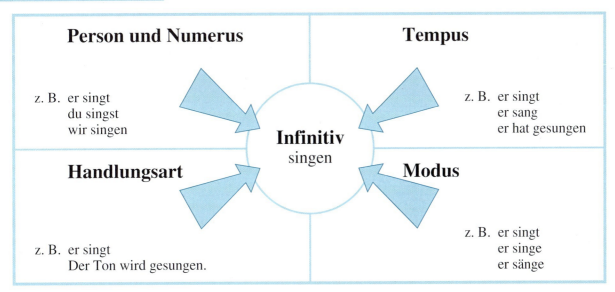

* Manche sagen statt „Gefüge": „Teilsysteme" oder „Untersysteme".

Die Personalformen und die infiniten Formen

13 **Die Personalformen** (auch **finite Formen** genannt)	*finit* wörtlich = ‚bestimmt' nach Person und Zahl (Numerus)	
Das Gefüge der Personen und Numeri		

Person	Numerus	
	Singular	Plural
1.	ich ruf*e*	wir ruf*en*
2.	du ruf*st*	ihr ruf*t*
3.	er, sie, es ruf*t*	sie ruf*en*

14 **Die infiniten Verbformen**	*infinit* wörtl. = ‚unbestimmt', nicht bestimmt nach Person und Zahl	
– Der Infinitiv	Nennform, Grundform	spiel*en*, ruf*en*, reiz*en*

Bezeichnung	Leistung	Beispiel

– **Das Partizip I**
(Plural: *die Partizipien*)
(auch genannt: Partizip Präsens)

die *end*-Form

spiel*end*, ruf*end*, reiz*end*

Das Partizip I kann auch als Adjektiv verwendet werden.

Sie hat im Schaufenster ein *reizendes* Kleid gesehen.

– **Das Partizip II**
(auch genannt: Partizip Perfekt)

dient zur Bildung der zusammengesetzten Verbformen.

gespiel*t*, gerufen, gereizt
Der Besucher *hat* den Löwen *gereizt*.
Der Löwe *wurde gereizt*.

ge		reiz		t	
ge	+	**Stamm**	+	**t**	gespielt
			oder: +	**en**	gerufen

Das Partizip II kann auch als Adjektiv verwendet werden.

Ich wunderte mich über den *gereizten* Ton.

15 Zusammengesetzte Verbformen

Personalform		infinite Form
Sie hat	+	gerufen.
Er ist		gekommen.
Er wird		helfen.

haben, sein, werden

Diese Verben werden
• teils als **Hilfsverben** zur Bildung der zusammengesetzen Formen,

Petra *hat* den Koffer *gepackt*.
Sie *ist* in den Keller *gegangen*.
Sie *wird* den Rucksack dort *finden*.
Die Tasche *wird* noch *gesucht*.

• teils als **Vollverben** verwendet.

Ute *wird* Ärztin.
Sie *hat* Lust dazu.
Er *ist* froh.

Die Tempora

16 Überblick über die Tempora
(Singular: *das Tempus*, Plural: *die Tempora*)

Präsens	ich sage
Präteritum	ich sagte
Perfekt	ich habe gesagt
Plusquamperfekt	ich hatte gesagt
Futur I	ich werde sagen
Futur II	ich werde gesagt haben

Bezeichnung　　　　　　　Leistung　　　　　　　　　Beispiel

Die Verwendung der Tempora

17

Sprechzeitpunkt

Plusquamperfekt	a) Perfekt b) Präteritum	Präsens	Futur
Nachdem ich die aufregende Geschichte **vorgestern** Andrea *erzählt hatte*,	a) *habe* ich sie **gestern** Jens *erzählt*, b) *erzählte* ich sie **gestern** Jens,	**jetzt** *erzähle* ich sie dir	und **morgen** *werde* ich sie meinem Großvater *erzählen*.
⟨noch davor⟩	a) ⟨vollendet, vergangen⟩ b) ⟨vergangen⟩	⟨jetzt⟩	⟨später/vermutlich⟩

Das Präsens
⟨**jetzt**⟩

Tempus für:
– jetzt (Gegenwart)

Elena *holt* gerade den schwarzen Koffer vom Schrank.

– jetzt und immer (immer wieder)

Wir *wohnen* in Ulm. In den Sommerferien *verreisen* wir jedes Jahr; meine Großmutter *gießt* dann immer die Blumen in unserer Wohnung.

– Zukunft

Morgen *fahren* wir ans Meer.

– Vergangenes (zur Vergegenwärtigung)

Gestern standen wir vor dem Fahrkartenschalter. Da *legt* sich plötzlich eine Hand auf meine Schulter ...

Das Präteritum
⟨**vergangen**⟩

Tempus für:
– Vergangenes (normales Erzähltempus)

Gestern *standen* wir in der Schlange vor dem Fahrkartenschalter.

Das Perfekt
⟨**vollendet und vergangen**⟩

– in der gesprochenen Sprache

– in der geschriebenen Sprache

häufig verwendet für Vergangenheit (wie das Präteritum),

oft verwendet, um auszudrücken, dass ein vollendeter Vorgang in der Vergangenheit die Gegenwart des Schreibenden beeinflusst (Ergebnisbetonung).

Oma *hat* vorhin die Zeitung *gelesen*.
= Oma *las* vorhin die Zeitung.

Meine Großmutter *hat angerufen*.

(und nun weiß ich Bescheid)

Perfekt ⟨vollendet, vergangen⟩	Präsens ⟨jetzt⟩
Weil es die ganze Nacht *geschneit hat*,	*liegt* heute eine dichte Schneedecke.
⟨in der Vergangenheit vollendet⟩	⟨Ergebnis⟩
└── *wirkt auf die Gegenwart ein* ──┘	

13

Bezeichnung	Leistung	Beispiel
Das Plusquamperfekt ⟨noch davor⟩ *Plusquamperfekt* bedeutet wörtlich: ‚mehr als Perfekt'.	zur Bezeichnung der „Vor-vergangenheit" (d. h. zeitlich früher als Perfekt oder Präteritum)	Nachdem es tagelang *geregnet hatte*, *standen* Pfützen auf den Straßen.
Das Futur ⟨später/vermutlich⟩	– zum Ausdruck der Zukunft (besonders bei Versprechungen, Beteuerungen, Drohungen) **(Futur der Zukunft)**	Das *wirst* du mir *büßen* !
	– wenn der Sprecher ausdrücken will, dass er nicht genau weiß, ob ein Geschehen stattfindet **(Futur der Vermutung)**	Ronja *wird* sich jetzt gerade ein Eis *kaufen*.
Beachte:	Zur **Bezeichnung der Zukunft** verwendet man jedoch meistens **Präsens + Zeitangabe**.	Wir *besuchen morgen* Tante Jennifer.

Die Bildungsweise der Tempora

18	**Starke und schwache Verben**	bilden das Präteritum auf verschiedene Weise:	
	„starke" Verben (unregelmäßige Verben)	beim Präteritum **Wechsel des Vokals** im Wortstamm	ich l*au*fe – ich l*ie*f er g*i*bt – er g*a*b – (Partizip: geg*e*ben)
	„schwache" Verben (regelmäßige Verben)	Merkmal für das Präteritum: **eingeschobenes t** bzw. **eingeschobenes et**	ich kaufe – ich kauf*te* ich arbeite – ich arbei*tete*
	Bei den starken Verben unterscheidet man **3 Stammformen.**	Präsens – Präteritum – Partizip II	springe – sprang – gesprungen

Bezeichnung	Leistung	Beispiel
Perfekt	Bildung durch die **Personalform von „haben"** + **Partizip II**;	Bei Anne *hat* sich wegen des Windes das Haarband *gelöst*. Ihr *habt* es nicht *gemerkt*.
	bei einigen Verben (vor allem Verben der Bewegung, z. B. **gehen, laufen, rennen**) und bei den Verben **sein** und **werden**:	
	durch die **Personalform von „sein"** + **Partizip II**	Ich *bin gerannt*. Vater *ist* sofort *gekommen*. Thomas *ist* krank *gewesen*.
Plusquamperfekt	durch die **Vergangenheitspersonalform von „haben"** bzw. **„sein"** + **Partizip II**	Sie *hatte* den Knoten nicht fest genug *gebunden*. Ich *war gerannt*.
Futur	durch die **Personalform von „werden"** + **Infinitiv**	Vater *wird* Anne übermorgen *anrufen*.
Futur II (kommt nur selten vor)	durch die **Personalform von „werden"** + **Partizip II** + **„haben"** oder **„sein"**	Petra *wird* das schon morgen Abend *geregelt haben*. Ali *wird* wohl zu weit *gefahren sein*.

Die Handlungsarten

19	**Das Aktiv** („Tatform")	Die Mutter	sucht	Kemal.
	Das Passiv („Leideform")	Kemal	wird	von seiner Mutter — gesucht.
20	**Die Verwendung des Passivs**	Im Passiv wird • der Betroffene, • die behandelte Sache hervorgehoben und nicht der Handelnde (der Täter).	Gabi *wurde* von Dagmar *gereizt*. Buntwäsche *wird* nur bis 60° *erhitzt*.	
		• Man kann den Handelnden unerwähnt lassen oder verschweigen.	Gabi *wurde gereizt*. (von wem?) In der Pause *wurde* mit gefrorenen Schneebällen *geworfen*.	
		• Man kann auch statt des Handelnden oder des Betroffenen das Geschehen (die Handlung) betonen.	Während der Aufführung *wurde gelacht*. [Die Handlung ist das Lachen.] Danach *wurde geklatscht*.	

15

Bezeichnung	Leistung	Beispiel
21 Die Bildungsweise des Passivs	Personalform von „werden" + Partizip II	Er *wird* *gesucht*.
	Im Perfekt und Plusquamperfekt Personalform von „sein" + Partizip II + „worden"	Er *ist* *gesucht* *worden*.
Nicht verwechseln:	**Aktiv – Futur:** Personalform von „werden" + **Infinitiv**	Er *wird* übermorgen *anrufen*.
	und	
	Passiv – Präsens: Personalform von „werden" + **Partizip II**	Sie *wird* jetzt *angerufen*.

Überblick über die Formen von Aktiv und Passiv

Tempus	Aktiv	Passiv
Präsens	ich suche sie sucht	ich werde gesucht sie wird gesucht
Präteritum	ich suchte sie suchte	ich wurde gesucht sie wurde gesucht
Perfekt	ich habe gesucht sie hat gesucht	ich bin gesucht worden sie ist gesucht worden
Plusquamperfekt	ich hatte gesucht sie hatte gesucht	ich war gesucht worden sie war gesucht worden
Futur	ich werde suchen sie wird suchen	ich werde gesucht werden sie wird gesucht werden

Daneben gibt es als besondere Form das **Zustandspassiv.**

        Aktiv: Der Doktor *zieht* den Zahn.
        Passiv (Handlungspassiv):   Der Zahn *wird gezogen*.
        Zustandspassiv: Der Zahn *ist gezogen*.

Das Zustandspassiv kommt fast nur vor als
        Präsens   ich bin gefesselt
        Präteritum   ich war gefesselt

| Bezeichnung | Leistung | Beispiel |

Die Modi

22 Überblick über die Modi
(Singular: *der Modus*, Plural: *die Modi*)

Bezeichnung	Leistung	Beispiel
Der Indikativ	Wirklichkeitsform	sie redet, sie hat geredet usw.
Die Konjunktive	Wiedergabeform und Möglichkeitsform	
Konjunktiv I	⟨nur berichtet⟩ („ohne Gewähr", nicht gesichert) Wiedergabeform	Hanna sagte, Yannick *sei* mit dem Tausch zufrieden. Er *habe* Grund zur Freude. Ich glaubte, Karl *sei* krank.
Konjunktiv II	⟨nur gedacht, aber nicht wirklich⟩ Möglichkeitsform	Seine Mutter *wäre* unglücklich, wenn sie es *erführe*. Wenn Laura es *bemerkt hätte*, *wäre* sie nicht ins tiefe Wasser *gegangen*.
Der Imperativ	Befehlsform; wird nur im Präsens gebildet, und zwar als 2. Pers. Sing. und 2. Pers. Plur.	bringe, arbeite, schreib, gib, nimm! bringt, arbeitet, schreibt, gebt, nehmt!

Tempusformen der Konjunktive

Tempus	zum Vergleich: Indikativ	Konjunktiv I	Konjunktiv II	Umschreibung des Konj. II (vorwiegend mündlicher Sprachgebrauch)
Präsens	es liegt	es liege	es läge	es würde liegen
Perfekt	es hat gelegen	es habe gelegen	es hätte gelegen	es würde gelegen haben
Futur	es wird liegen	es werde liegen	es würde liegen	—

17

Bezeichnung	Leistung	Beispiel

Die Verwendung der Konjunktive

23 Der Konjunktiv I   Modus der indirekten Rede   sie trinke, er möge

	direkte Rede	→	indirekte Rede
Patrick sagte	: „Ute trinkt Milch."	→	, Ute *trinke* Milch.
Patrick sagte	: „*Ich* mag lieber Saft."	→	, er *möge* lieber Saft.

Keine Stellungnahme zum Inhalt der Rede

Der Sprecher oder die Sprecherin verbürgt sich für die richtige Wiedergabe der Rede, aber nicht für die Wahrheit ihres Inhalts.

(Patrick hat es wirklich gesagt.)

(Es bleibt offen, ob der Inhalt von Patricks Rede zutreffend war, d. h. ob Ute wirklich Milch trank oder trinkt.)

Konjunktiv I außerhalb indirekter Reden

Der Sprecher oder die Sprecherin hält zu dem, was er oder sie sagt, **Abstand**.

Ich hatte gedacht, Kirschsaft *sei* sauer. (Ist Kirschsaft nach seiner heutigen Meinung wirklich sauer? Das bleibt offen.)

24 Tempusfolge in der indirekten Rede

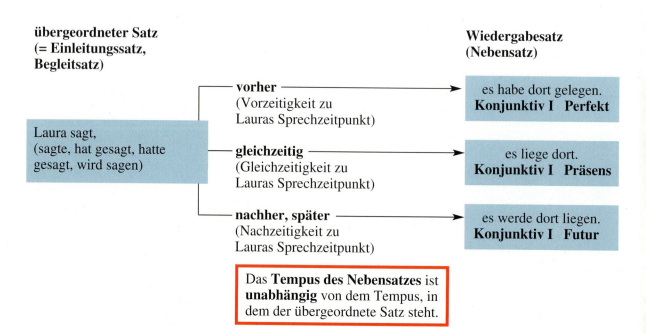

Bezeichnung	Leistung	Beispiel

5 Der Konjunktiv II

Will man ausdrücken, dass ein Geschehen **nur gedacht, nur angenommen** (nicht wirklich) ist,

so wählt man
– für ein solches Geschehen in der **Gegenwart (und Zukunft)**

	den **Konjunktiv II des Präsens.**	Wenn er richtig *hinsähe*, dann *fiele* ihm die CD-Hülle sicherlich *auf*.

– für ein solches Geschehen in der **Vergangenheit**

	den **Konjunktiv II des Perfekts.**	Wenn er richtig *hingesehen hätte*, dann *wäre* ihm die CD-Hülle sicherlich *aufgefallen*.

Mündlicher Sprachgebrauch:

	Hier wird häufig die Umschreibung mit „würde" benutzt.	…, dann *würde* ihm die CD-Hülle *auffallen*. …, dann *würde* ihm die CD-Hülle *aufgefallen sein*.

Weitere Verwendungsweisen:
Der Konjunktiv II wird auch außerhalb von Wenn-dann-Gefügen verwendet:
– im **irrealen Aussagesatz,**

	Nichtwirkliches	Saskia *hätte* das anders *gemacht*. (Aber sie ist nicht hier.) Frank *würde* das anders *machen*. (Aber er ist nicht hier.)

– beim **irrealen Wunsch,**

	Nichtwirkliches	Wenn doch bloß schon Mittwoch *wäre*! (Aber es ist erst Montag.) Ina wünscht sich, dass ihre Freundin schon da *wäre*. (Aber sie ist noch verreist.)

– beim **höflichen Wunsch,**

		Ich *hätte* gerne ein Glas Milch.

– bei der **höflichen Aussage,**

		Ich *würde* Ihnen dieses *empfehlen*.

– bei der **höflichen Frage,**

– bei der **zweifelnden Frage.**

		Hättest du Lust dazu? *Würdest* du mir bitte die Butter *herübergeben*? *Hätte* er so etwas tatsächlich *tun können*?

Bezeichnung	Leistung	Beispiel

26 Die Formen des Konjunktivs I

Ersatzformen für den Konjunktiv I:

In manchen Personalformen lautet der Konjunktiv I mit dem Indikativ Präsens gleich; er wäre deshalb nicht zu unterscheiden. In diesen Fällen verwendet man als Ersatzform den **Konjunktiv II anstelle des Konjunktivs I.**

Zwar:
Sie behauptet, er *komme* zu spät. (Konj. I)
Sie behauptet, das Geschenk *liege* darunter. (Konj. I)

Aber:
Sie behauptet, wir *kämen* zu spät. (Konj. II als Ersatzform)
(statt: Sie behauptet, wir *kommen* zu spät.)
Sie behauptet, die Geschenke *lägen* darunter. (Konj. II als Ersatzform)
(statt: Sie behauptet, die Geschenke *liegen* darunter.)

Formentabelle des Konjunktivs I
Die Ersatzformen sind schräg gedruckt.

Tempus	Numerus	Person	geben	laufen	sein
Präsens	Singular	1. 2. 3.	ich *gäbe* du gebest er gebe	ich *liefe* du laufest er laufe	ich sei du seiest er sei
	Plural	1. 2. 3.	wir *gäben* ihr gebet sie *gäben*	wir *liefen* ihr laufet sie *liefen*	wir seien ihr seiet sie seien
Perfekt	Singular	1. 2. 3.	ich *hätte* gegeben du habest gegeben er habe gegeben	ich sei gelaufen du seiest gelaufen er sei gelaufen	ich sei gewesen du seiest gewesen er sei gewesen
	Plural	1. 2. 3.	wir *hätten* gegeben ihr habet gegeben sie *hätten* gegeben	wir seien gelaufen ihr seiet gelaufen sie seien gelaufen	wir seien gewesen ihr seiet gewesen sie seien gewesen
Futur	Singular	1. 2. 3.	ich *würde* geben du werdest geben er werde geben	ich *würde* laufen du werdest laufen er werde laufen	ich *würde* sein du werdest sein er werde sein
	Plural	1. 2. 3.	wir *würden* geben ihr *würdet* geben sie *würden* geben	wir *würden* laufen ihr *würdet* laufen sie *würden* laufen	wir *würden* sein ihr *würdet* sein sie *würden* sein

| Bezeichnung | Leistung | Beispiel |

27 Die Formen des Konjunktivs II

Ersatzformen für den Konjunktiv II:

In manchen Personalformen lautet der Konj. II gleich mit dem Indikativ Präteritum; er wäre daher zu verwechseln. In diesen Fällen verwendet man als Ersatzform die **Umschreibungsform anstelle des Konjunktivs II**.

Schwache Verben bilden keine unterscheidbaren Formen für den Konj. II und nicht alle starken Verben bilden für **alle** grammatischen Personen unterscheidbare Formen:

Die Kinder *spielten* heute gern.
(Taten sie es oder würden sie es gerne tun [z. B. wenn der Regen aufhörte]?)
also: Die Kinder *würden* heute gerne *spielen*.

Petra und Simone *liefen* um die Wette.
(Taten sie es oder würden sie es tun [z. B. wenn es darauf ankäme]?)
also: Petra und Simone *würden* um die Wette *laufen*.

Formentabelle des Konjunktivs II
Die Umschreibungsformen sind schräg gedruckt.

Tempus	Numerus	Person	geben	laufen	sein
Präsens	Singular	1. 2. 3.	ich gäbe du gäbest er gäbe	ich liefe du liefest er liefe	ich wäre du wärest er wäre
	Plural	1. 2. 3.	wir gäben ihr gäbet sie gäben	wir *würden laufen* ihr liefet sie *würden laufen*	wir wären ihr wäret sie wären
Perfekt	Singular	1. 2. 3.	ich hätte gegeben du hättest gegeben er hätte gegeben	ich wäre gelaufen du wärest gelaufen er wäre gelaufen	ich wäre gewesen du wärest gewesen er wäre gewesen
	Plural	1. 2. 3.	wir hätten gegeben ihr hättet gegeben sie hätten gegeben	wir wären gelaufen ihr wäret gelaufen sie wären gelaufen	wir wären gewesen ihr wäret gewesen sie wären gewesen
Futur	Singular	1. 2. 3.	ich würde geben du würdest geben er würde geben	ich würde laufen du würdest laufen er würde laufen	ich würde sein du würdest sein er würde sein
	Plural	1. 2. 3.	wir würden geben ihr würdet geben sie würden geben	wir würden laufen ihr würdet laufen sie würden laufen	wir würden sein ihr würdet sein sie würden sein

| Bezeichnung | Leistung | Beispiel |

Satzglieder

28 Was ist ein Satzglied?

Wörter und Wortgruppen, die sich bei einer **Umstellprobe** verschieben lassen, sind ein Satzglied.

Ein Satzglied kann *aus mehreren Wörtern* bestehen, z. B.: *ein bunter Ball*.

Hilfe für das Erkennen der Satzglieder: **die Umstellprobe:**

Mein Großvater	schenkt	meinem kleinen Bruder	einen bunten Ball.
Einen bunten Ball	schenkt	mein Großvater	meinem kleinen Bruder.
Meinem kleinen Bruder	schenkt	mein Großvater	einen bunten Ball.

29 Die häufigsten Satzglieder

wer?	tut	wem?	was? (wen?)
Mein Großvater	schenkt	meinem kleinen Bruder	einen bunten Ball
er		*ihm*	*ihn*
Subjekt	**Prädikat**	**Dativobjekt**	**Akkusativobjekt**

Subjekt	Substantiv (Nomen) oder Pronomen	mein Großvater = **er**
Prädikat	Verb	schenkt
Objekte	Substantiv (Nomen) oder Pronomen	
Dativobjekt		meinem kleinen Bruder = **ihm**
Akkusativobjekt		einen bunten Ball = **ihn**
Genitivobjekt	(äußerst selten, nur bei wenigen Verben Frage: wessen? + Verb)	z. B. bedürfen, sich bemächtigen, ermangeln, gedenken, rühmen Er gedachte *seines verstorbenen Freundes*.
Mehrgliedriges Prädikat		
1) Verbaufspaltung im Satz (vgl. Nr. 2)	In den Personalformen wird der Verbzusatz vom Grundwort getrennt	anrufen → Großmutter *rief* bei uns *an*.
2) Personalform + infinite Form(en) (vgl. Nr. 15)	Personalform hier: *hat, sind, konnte*	Großmutter *hat* bei uns *angerufen*. Wir *sind* von Großmutter *angerufen worden*. Klaus *konnte* sie nicht *verstehen*.

Bezeichnung	Leistung	Beispiel
30 Das Adverbiale (Plural: *die Adverbialien*) **Verwendung**	Umstandsbestimmung Das Adverbiale besagt, – unter welchen Umständen (vor allem Zeit, Ort, Grund, vgl. unten) oder – in welcher Art und Weise das Geschehen vor sich geht.	*Gestern* kam die Sendung an. Das Paket lag *auf dem Tisch*. Gianna fing *vor Freude* an zu hüpfen. *Aufgeregt* riefen ihre Freundinnen an. Er spülte den Teller *sorgfältig* ab.
Erscheinungsformen	Substantiv (Nomen) + Präposition Adverb Adjektiv	vor Freude, auf dem Tisch gestern aufgeregt, sorgfältig
Als Umstände und Arten lassen sich im Einzelnen unterscheiden:		
– Zeit	wann? wie lange? usw.	*gestern* (s. oben)
– Ort	wo? bei wem? usw.	*auf dem Tisch* (s. oben)
– Richtung	wohin? woher?	Sie sah *nach vorne*.
– Grund	warum? weshalb? usw.	*vor Freude* (s. oben)
– Mittel	womit? wodurch?	Sie öffnete das Paket *mit einem Messer*.
– Zweck	wozu? zu welchem Zweck?	Wir fuhren *zur Erholung* an die See.
– Bedingung	unter welcher Bedingung oder Voraussetzung?	*Bei Sonnenschein* liegen wir am Strand.
– Folge	mit welcher Wirkung?	Die Tür quietscht *zum Davonlaufen*.
– Einräumung (wirkungsloser Gegengrund)	trotz wessen?	*Trotz des Regens* gingen wir nach draußen. Es regnete; *trotzdem* gingen wir nach draußen.
– Verneinung	ja oder nein?	Wir gingen *nicht* nach draußen.
– Ausmaß, Grad	wie sehr, wie viel?	Ich freute mich *sehr* darüber.
– Art und Weise	wie? auf welche Weise? mit wem? womit? ohne wen (was)?	*aufgeregt, sorgfältig* (s. oben)

Bezeichnung	Leistung	Beispiel
31 Das präpositionale Objekt Wörter und Wortfolgen von der gleichen Erscheinungsform wie die Adverbialien, lassen sich aber nicht als Aussagen zu Zeit, Raum, Grund, Art usw. verstehen.		Du kannst dich gewiss noch *an den Englischlehrer* erinnern. Man kann ruhig *darüber* sprechen. Uta wartet *auf sie*.
32 Das Prädikatsnomen (Das Prädikativ) Verwendung	„Gleichsetzungskasus", „Gleichsetzungsnominativ", „-akkusativ", „Artergänzung"	Jenö war *mein Freund*. Sie nannten den Hund *Max*.
Erscheinungsformen	– Substantiv (Nomen) im Nominativ – Adjektiv Das Satzglied Prädikativ kommt als Gleichsetzungsnominativ nur im Zusammenhang mit wenigen Verben vor: *sein, bleiben, werden*.	Max wird *Bäcker*. Stefanie bleibt *freundlich*.
(Manche bevorzugen die Bezeichnung **Prädikativ**, weil dieses Satzglied nicht immer ein Substantiv [Nomen] ist.)		
33 Das Attribut Verwendung	**Satzgliedteil:** Attribute sind nicht eigene Satzglieder, sondern Teile von Satzgliedern. Durch Attribute kann der Bedeutungsinhalt von Wörtern innerhalb eines Satzgliedes – eindeutiger bestimmt oder – erweitert werden.	Der *aufmerksame* Junge *aus Münster* hatte sich die Farbe *des Wagens* gemerkt. Die Leute waren *sehr* böse auf Till. der Junge *aus Münster* die Farbe *des Wagens* der *aufmerksame* Junge
Erscheinungsformen	Als Attribute kommen vor allem sechs Arten von Ausdrücken vor: – Substantiv (Nomen) im Genitiv – Adjektiv – Adverb – Präpositionalausdruck	Der Hut *des Mädchens* war gelb. Der *hinterhältige* Gangster lugte um die Ecke. Das Haus *drüben* ist sehr groß. Das Mädchen *mit dem Hut* pfiff laut.

Bezeichnung	Leistung	Beispiel
	– nachgestelltes Substantiv (Nomen) im gleichen Fall (nachgestellte Apposition)	Er vermachte dem Kundschafter Teddy Triefauge, *seinem einzigen Freund,* den schweren Colt.
	– Substantiv (Nomen) (oder substantiviertes Wort) im gleichen Fall mit *als*	Claudia, *als Erste* im Ziel, riss vor Freude die Arme hoch.
	Alle Attribute (außer dem Adverb) sind kasusbestimmt. (Als „vorangestellte Appositionen" werden gelegentlich Substantive [Nomen] wie die rechts hervorgehobenen bezeichnet. Man sollte sie jedoch **nicht** als Attribut auffassen, sondern als Teil des Subjekts bzw. Objekts, ebenso nachgestellte Adjektive oder nachgestellte Zahlwörter.)	der Hut *des Mädchens*: Genitiv *Kaiser* Karl, *Bürgermeister* Reuter, *Professor* Mayer, *Bäcker* Bube, *Tante* Lotte Otto *der Große* (großgeschrieben, weil Teil des Namens) Karl *der Fünfte* (großgeschrieben, weil Teil des Namens)
Hilfe zur Unterscheidung des Attributs vom Adverbiale	Bei der Umstellprobe bewegt sich das **Attribut** zusammen mit dem Wort, dessen Bedeutungsinhalt es näher bestimmt bzw. erweitert.	Das Mädchen *mit dem Hut* / schrieb / heimlich / die Autonummer / auf. Heimlich / schrieb / das Mädchen *mit dem Hut* / die Autonummer / auf.
	Possessivpronomen und Demonstrativpronomen werden **nicht** als Attribute aufgefasst, **sondern** als enge **Begleiter** zum Substantiv (Nomen) angesehen.	*Mein Geschenk* liegt auf dem Tisch. Über *diese CD* freue ich mich besonders.
34 **Hilfe für das Bestimmen der Satzglieder**	Frage immer mit der **Kasusfrage + Verb,** andernfalls geraten Objekt und Attribute durcheinander.	Carlo hielt die Schnur des Drachens. nicht: Wen oder was? sondern: Wen oder was *hielt* Carlo?

| Bezeichnung | Leistung | Beispiel |

Syntax

Hauptsatz und Nebensatz

35

Till merkte sofort,	dass	der Meister jetzt das Haus	verließ.
Hauptsatz	Nebensatz		
	Konjunktion oder Relativpronomen oder Adverb		Personalform des Verbs (finite Verbform)

vgl. Nr. 40

Im Nebensatz steht die **Personalform des Verbs** fast immer **am Satzende.**

Unter **Gliedsätzen** werden heutzutage zumeist nur solche Nebensätze verstanden, welche die Rolle eines Satzgliedes ausfüllen (d. h. Adverbiale, Subjekt, Objekt, nicht: Attribut).

Der Hauptsatz

36 **Die Arten des Hauptsatzes (die Satzarten)**

Aussagesatz

Mein Großvater schenkt meiner Schwester ein neues Fahrrad.

Fragesätze:
  Auskunftsfrage
  Entscheidungsfrage

Wann kommen deine Geburtstagsgäste?
Kommt Großvater am Nachmittag?

Aufforderungssatz

Gib bitte meiner Schwester den Becher!

37 **Zweitstellung der Personalform**

Im Aussagesatz ist die Personalform des Verbs normalerweise das 2. Satzglied. Dies ist ein typisches Kennzeichen der deutschen Sprache.

1. Satzglied	Personalform des Verbs	beliebig viele weitere Satzglieder
Till	/ ärgerte	/ in jeder Stadt / einen Handwerksmeister / durch ein absichtliches Missverständnis.

Konjunktionen treten **ungezählt** vor das 1. Satzglied: *Aber* Till / ärgerte / in jeder Stadt ...

Bezeichnung	Leistung	Beispiel

38 Klammerbau im Hauptsatz

a) **Personalform und Verbzusatz klammern die weiteren Satzglieder (außer dem 1. Satzglied) ein.**

1. Satzglied	Personalform des Verbs	beliebig viele weitere Satzglieder	Verb-zusatz

Till / **rief** / den Bürgern / von seinem Seil herunter / Spottworte / **zu.**

b) **Personalform und infinite Form des Verbs klammern die weiteren Satzglieder ein.**

1. Satzglied	Personalform des Verbs	beliebig viele weitere Satzglieder	infinite Verbform

Till / **hat** / den Bürgern / von seinem Seil herunter / Spottworte / **zugerufen.**

Die Leute / **haben** / danach / voller Verzweiflung / ihre Schuhe / **gesucht.**

39 Satzreihe: Hauptsatz und Hauptsatz

Die Bürger schimpften auf Till,	denn sie waren sehr ärgerlich auf ihn.
Hauptsatz	Hauptsatz

Der 2. Hauptsatz kann mit einer Konjunktion beginnen, aber auch ohne.

Das Auto fuhr vorbei(,)   und Katharina sah genau hin (vgl. Nr. 167).

Katharina wusste die Autonummer,   denn sie hatte gut aufgepasst.

Die Bürger schimpften auf Till,   sie waren ärgerlich auf ihn.

| Bezeichnung | Leistung | Beispiel |

Der Nebensatz

40 Satzgefüge: Hauptsatz und Nebensatz

Hilfe zur Unterscheidung:

Hauptsatz
Im **Hauptsatz** steht die **Personalform** des Verbs **an zweiter Stelle:**

Nebensatz
Im **Nebensatz** steht die **Personalform** des Verbs **am Satzende,** als hintere Satzklammer:

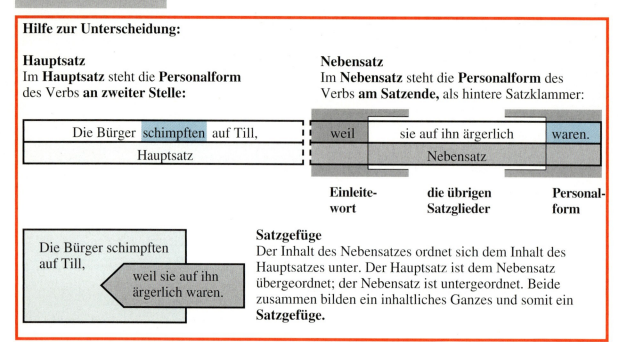

Satzgefüge
Der Inhalt des Nebensatzes ordnet sich dem Inhalt des Hauptsatzes unter. Der Hauptsatz ist dem Nebensatz übergeordnet; der Nebensatz ist untergeordnet. Beide zusammen bilden ein inhaltliches Ganzes und somit ein **Satzgefüge.**

41 Klammerbau im Nebensatz

Normalerweise werden im Nebensatz durch **Einleitewort** und **Personalform des Verbs** die übrigen Satzglieder eingeklammert.

vordere Nebensatzklammer

unterordnende Konjunktionen	dass, weil, als, nachdem, wenn, obwohl usw.
Relativpronomen	der, die, das; welcher; wer, was
Adverbien (Relativadverbien, Frageadverbien)	woher, wo, wann, wie, weshalb usw.

hintere Nebensatzklammer

Personalform des Verbs	dass er das Haus *verließ* weil sie gut aufgepasst *hatte*

Bezeichnung	Leistung	Beispiel
42 Einteilung der Nebensätze		
a) nach der Form		
Konjunktionalsatz	eingeleitet mit Konjunktion	*weil* wir verreisen
Relativsatz	eingeleitet mit – Relativpronomen – Präposition + Relativpronomen – Relativadverb	(der Ball), *den* wir mitnehmen (der Zug), *mit dem* wir fahren müssen *wohin* wir fahren wollten
(satzwertige) Infinitivgruppe	satzwertige Wortgruppe mit Infinitiv: – erweiterter Infinitiv mit „zu" – Infinitiv mit „um zu", „ohne zu", „(an)statt zu"	(lässt sich in einen Nebensatz umwandeln) Sie beschloss(,) *erst auf der Insel einen Ball zu kaufen*. (vgl. Nr. 158 u. 160) *um zu fragen*
(satzwertige) Partizipgruppe	satzwertiges Partizip: – erweitertes Partizip I – erweitertes Partizip II	(lässt sich in einen Nebensatz umwandeln) *vor Freude hüpfend* (vgl. Nr. 159 u. 160) *Vom Schwimmen ganz erschöpft* (,) *torkelten wir aus der Halle.* (vgl. Nr. 159 u. 160)
Nebensatz ohne Einleitewort (vgl. Nr. 43)	meist in indirekter Rede	(Er glaubte), der Zug *habe* direkten Anschluss.
indirekter Fragesatz (vgl. Nr. 43)	lässt sich in einen direkten Fragesatz umwandeln: Kommst du schon morgen?	(Sie fragte,) *ob* er schon morgen *komme*.
b) nach der inhaltlichen Bedeutung		
Adverbialsätze	Nebensätze in der Rolle eines Adverbiale	Sie hüpfte, *weil sie sich freute.* (= Sie hüpfte *vor Freude.*)
Erscheinungsform:	Nebensatz, meist mit Konjunktion als Einleitewort	*weil* sie sich freute
Art des Adverbialsatzes: temporal konditional kausal final konsekutiv konzessiv modal	macht eine Angabe über: Zeit Bedingung, Voraussetzung Grund, Ursache Zweck, Absicht Folge, Wirkung Einräumung, Zugeständnis Art und Weise	*als* sie es merkten *wenn (falls)* sie es merken *weil* es eine Überraschung war *damit* sie sich freuen *sodass* sie lachen mussten (auch: *so dass*) *obwohl* er es versteckt hatte *indem* (oder *dadurch, dass*) er das Paket unter den Tisch stellte

Bezeichnung	Leistung	Beispiel
adversativ	Gegensatz	(Er suchte), *während* sie scharf beobachtete.
lokal	Ort	*Wo* vorhin das Packpapier lag, fand sie jetzt ein Schlüsselchen.
komparativ	Vergleichssatz	Er verhält sich so, *wie* es auch sein Bruder in dieser Lage getan hat.
Objektsätze	Nebensätze in der Rolle eines Objekts, meist Akkusativobjekts	Er bedauerte, *dass er sich geirrt hatte*. (= Er bedauerte *seinen Irrtum*.)
Subjektsätze	Nebensätze in der Rolle eines Subjekts	*Dass du mir schreiben willst,* freut mich besonders. (= *Deine Absicht* freut mich besonders.) *Wer müde ist,* muss früh ins Bett. (= *Der Ermüdete* muss früh ins Bett.)
Attributsätze	Nebensätze in der Rolle eines Attributs	(... das Geschenk,) *das* wir versteckt hatten
Erscheinungsform:	Nebensatz, meist mit Relativpronomen als Einleitewort (vgl. Nr. 42a))	der, die, das; welcher; wer, was (vgl. Nr. 7d)
c) nach der Stellung		
Vordersatz	– vor	*Weil Katharina genau hingesehen hatte,* wusste sie die Autonummer.
Zwischensatz	– in	Katharina wusste, *weil sie genau hingesehen hatte,* die Autonummer.
Nachsatz	– nach dem übergeordneten Satz	Katharina wusste die Autonummer, *weil sie genau hingesehen hatte.*

43 **Nebensätze mit besonderem Bauplan**	normaler Bauplan: s. Nr. 40 und 41	
indirekte Rede (vgl. Nr. 42a)	Till behauptete, er sei ein Bäckergeselle. (Begleitsatz) (Wiedergabesatz) Die Personalform des Verbs ist ein Konjunktiv I und steht als 2. Satzglied; der Nebensatz hat kein Einleitewort.	
indirekter Fragesatz (vgl. Nr. 42a)	Till fragte, *was er tun solle.* Danach fragte er, *ob er jetzt anfangen solle.* Einleiteworte: Fragepronomen, Frageadverb, Konjunktion *(ob)* Indirekte Fragesätze lassen sich **in direkte Fragen umwandeln:** → Was soll ich tun? (Auskunftsfrage) → Soll ich jetzt anfangen? (Entscheidungsfrage)	
Konditionalsatz ohne Einleitewort	*Kommt er zurück,* so ist er sicher sehr erstaunt. *Käme er zurück,* so wäre er sicher sehr erstaunt. Solche Nebensätze lassen sich umwandeln in Konditionalsätze mit Einleitewort: → *Wenn* er zurückkommt, ist er sicher sehr erstaunt. → *Wenn* er zurückkäme, wäre er sicher sehr erstaunt.	

Wortarten, Satzglieder, Satzarten

4 Ein Vergleich

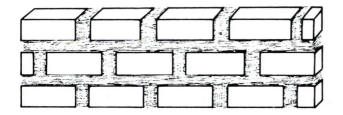

Eine gemauerte Wand lässt sich betrachten als:

Eine sprachliche Äußerung lässt sich betrachten als:

roter Ton Mörtel roter Ton Mörtel ...   1. **Baustoffe**   1. **Wörter**

Stein   Fuge   Stein   Fuge   ...   2. **Teile der Wand** 2. **Satzglieder**

Mauer   3. **ganze Wand**   3. **Satz**

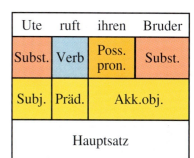

45 Beispiele

Wortarten:	Poss. pron.	Substantiv	Verb	Poss. pron.	Adjektiv	Subst.	Artikel	Adj.	Subst.
	Mein	Großvater	schenkt	meinem	kleinen	Bruder	einen	bunten	Ball.
Satzglieder:	Subjekt		Prädikat	Dat.objekt / Attribut			Akk.objekt / Attribut		
Satzart:	Hauptsatz								

Wortarten:	Poss. pron.	Subst.	Verb →	Präp.	Poss. pron.	Subst.	Präp.	Subst.	Art.	Numerale	Subst.	← Verb
	Meine	Schwester	hat	für	ihre	Fahrt	nach	Münster	eine	halbe	Stunde	gebraucht,
Satzglieder:	Subjekt		Präd. →	präpos. Objekt				Attribut	Akk.objekt / Attr.			← Präd.
Satzart:	Hauptsatz											

Wortarten:	Konj.	Art.	Subst.	Verb
	Als	das	Gewitter	ausbrach,
Satzglieder:	(Einleitewort)	Subjekt		Prädikat
Satzart:	Nebensatz			

Wortarten:	Verb	Pers. pron.	Adverb	Präp. + Art.	Subst.
	war	sie	schon	im	Gebäude;
Satzglieder:	Präd.	Subj.	Adverbiale der Zeit	Adverbiale des Ortes	
Satzart:	Hauptsatz				

Wortarten:	Subst.	Subst.
	Gabis	Bruder,
Satzglieder:	Subjekt / Attr.	
Satzart:	Haupt- →	

Wortarten:	Rel. pron.	Präp.	Art.	Subst.	Präp.	Subst.	Verb
	der	mit	der	Bahn	nach	Osnabrück	gefahren war,
Satzglieder:	Subj.	Adverbiale des Mittels			Adverbiale der Richtung		Prädikat
Satzart:	Nebensatz						

denn	sie	hat	kräftig	in	die	Pedale	getreten.
Kon-junktion	Pers. pron.	Verb →	Adjektiv	Präp.	Art.	Subst.	← Verb
(Satzver-knüpfung)	Subj.	Präd. →	Adverbiale der Art und Weise	Adverbiale der Richtung			← Präd.
Hauptsatz							

sie	blieb	daher	trocken.
Pers. pron.	Verb	Adverb	Adjektiv
Subj.	Prädikat	Adverbiale des Grundes	Prädikativ
Hauptsatz			

	suchte	eine	Telefonzelle (,)
	Verb	Art.	Substantiv
	Präd.	Akk.obj.	
←	-satz		

um	nach	Hause	zu	telefonieren.
Konj.	Präp.	Subst.	Konj.	Verb
(Einleite-wort)	Adverbiale der Richtung		Infinitiv mit „zu" Prädikat	
Infinitivgruppe				

Rechtschreibung

Rechtschreibhilfen

46 | **Rechtschreibhilfe I (Verlängern):**
Wenn man nicht genau weiß, wie der **Endlaut** geschrieben wird, so **verlängert** man das Wort;

bei Substantiven (Nomen):
– Plural
– oder Genitiv
– oder Dativ
– oder eine Ableitung bilden;

bei Adjektiven:
– mit einem Substantiv (Nomen) zusammenstellen
– oder steigern.

Problem		Verlängerung
b/p	Die*b*	→ die Die*b*e (Plural) des Die*b*es (Genitiv)
	Stau*b*	→ im Stau*b*e (Präposition + Dativ) stau*b*ig (Ableitung)
	gel*b*	→ die gel*b*en Blüten (mit Substantiv [Nomen] zusammenstellen)
	gro*b*	→ grö*b*er (steigern)
	Lum*p*	→ Lum*p*en (Plural)
d/t	Ra*d*	→ Rä*d*er
	Staa*t*	→ Staa*t*en
g/k	Klan*g*	→ Klän*g*e
	Schran*k*	→ Schrän*k*e
g/k/ch	Ta*g*	→ Ta*g*e
	lusti*g*	→ der lusti*g*e Einfall
	Tei*ch*	→ Tei*ch*e
	Tei*g*	→ tei*g*ig
	ähnli*ch*	→ ähnli*ch*er

47 | **Rechtschreibhilfe II (Ableiten):**
Wenn man im Zweifel über die richtige Schreibweise ist, hilft oft die Frage, von welchem **Stammwort** das Wort abgeleitet ist.

Problem	Ableitung	
ä/e	Ärmel	< Arm (Stammwort suchen)
	Hände	< Hand (Singular bilden)
äu/eu	Käufer	< Kauf (Stammwort suchen)
h	Versöhnung	< Sohn
ff/f	öffnen	< offen
pf/f	Pförtner	< Pforte

Wenn man nicht genau weiß, wie man einen Laut **im Wortinneren einer Verbform** schreiben soll, hilft oft die Schreibung des **Infinitivs** (Grundform, Nennform).

Problem	Personalform	Infinitiv
b/p	er glau*b*t	< glau*b*en
	es pie*p*t	< pie*p*en
g/k	der Chor sin*g*t	< sin*g*en
	das Schiff sin*k*t	< sin*k*en
s/ß	sie rei*s*t	< rei*s*en
	er rei*ß*t	< rei*ß*en
h	sie ge*h*t	< ge*h*en
	getan	< tun (*ohne* h)
	sie sa*h*	< se*h*en

Wenn im Infinitiv eines Verbs als Längezeichen ein **Fugen-h** (vgl. Nr. 66) geschrieben wird, so wird das **h** auch in allen anderen Verbformen, wo dies möglich ist, verwendet. (Vgl. Nr. 67)

Lange und kurze Vokale: Übersicht

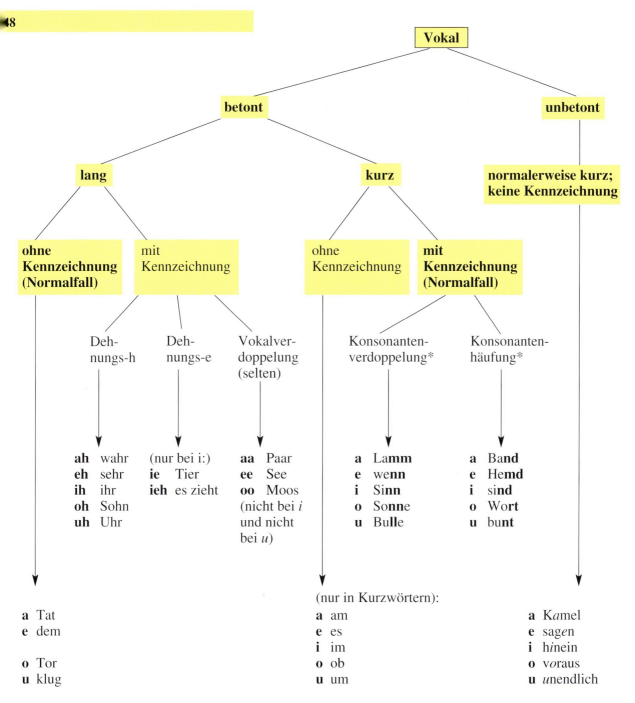

Lange und kurze Vokale: Grundsätze

49 **1. Grundsatz:**

Die **Vokallänge** wird bei der schriftlichen Wiedergabe

– zumeist **nicht gekennzeichnet,** z.B. s*a*gen,

– manchmal durch ein **Längezeichen** gekennzeichnet*:

  • entweder durch ein **Dehnungs-h,** z.B. S*ah*ne (vgl. Nr. 66 u. 67)

  • oder ausnahmsweise durch **Verdoppelung** des Vokalbuchstabens (nur bei a, e, o), z.B. S*aa*l, S*ee*, B*oo*t;

  • beim i-Laut häufig durch ein **Dehnungs-e,** selten auch durch **-eh,** z.B. d*ie,* V*ieh.*

– Alle **Diphthonge (Zwielaute)** (vgl. Nr. 53ff.) sind ihrer Natur nach lang und werden normalerweise ohne Längezeichen geschrieben, z.B. Fr*au*, fr*ei*, M*ai*; Ausnahmen in Nr. 53.

2. Grundsatz:

Die **Vokalkürze** wird bei der schriftlichen Wiedergabe nur in betonten Silben gekennzeichnet. Als **Kürzezeichen** wird verwendet

– entweder die **Konsonantenverdoppelung,** z.B. Hi*mm*el, Ka*mm*, Mu*tt*er

  (Als Doppelung des Buchstabens k wird das Zeichen ck geschrieben, z.B. Sa*ck*, als Doppelung des Buchstabens z das Zeichen tz, z.B. Ka*tz*e.)

  (Die Zeichen ch, sch und pf werden nie verdoppelt, z.B. fri*sch*, klo*pf*en, ko*ch*en.)

– oder die **Konsonantenhäufung,** z.B. Gu*rk*e, Ka*nt*e, La*nd*, O*rt*.

* Die Verschiedenartigkeit der Längezeichen ergibt sich aus Unterschieden in der sprachgeschichtlichen Lautentwicklung der einzelnen Wörter im Laufe von Jahrhunderten.

Lange Vokale: Besonderheiten

50 Beispiele für **Buchstabenverdoppelung** bei **langen Vokalen:**

A*a*l, das P*aa*r, ein p*aa*r, S*aa*l, S*aa*t, St*aa*t;
All*ee*, Arm*ee*, B*ee*t, F*ee*, G*ee*st, H*ee*r, Himb*ee*re, Kaff*ee*, l*ee*r, M*ee*r, M*ee*rrettich, Mosch*ee*, R*ee*derei, S*ee*, Schn*ee*, Sp*ee*r, T*ee*r;
B*oo*t, M*oo*r, M*oo*s, Z*oo*

Umlaute werden nie verdoppelt:

das H*är*chen < das H*aa*r,   das P*är*chen < das P*aa*r,
die S*äl*e < der S*aa*l

51	In einigen Wörtern wird der Vokal trotz Konsonantenhäufung lang gesprochen. (Ausnahme vom 2. Grundsatz, Nr. 49)	Bart Herd, Krebs, Pferd, der Wert, wert(voll) der erste, zuerst Mond
52	**Unterscheidungsschreibungen:** gleich klingende Wörter – verschiedene Schreibungen – verschiedene Bedeutungen. Wenn **Gleichklinger** unterschiedlich geschrieben werden, haben beide Schreibungen **verschiedene Bedeutungen (Wortinhalte)**.	Mal (das zweite Mal) – Mahl (Essen) malen (mit dem Pinsel) – mahlen (mit der Mühle) Name – Einnahme die Wagen (zum Fahren) – die Waagen (zum Wiegen) Wal (Tier) – Wahl er war – wahr leeren – lehren Meer – mehr seelisch (die Seele, das Innenleben betreffend) – selig (glücklich, die ewige Glückseligkeit betreffend) Lied (Gesang) – Lid (Augenlid) Miene (im Gesicht) – Mine (im Bergwerk, Kupfermine) Stiel (Stock) – Stil (Form, Art) wieder (noch einmal) – wider (gegen) der Bote – die Boote Sohle (unter dem Schuh) – Sole (salzhaltiges Wasser) Uhrzeit (wie spät es ist) – Urzeit (Vorzeit); uralt Ähre (am Halm) – Ehre es ist spät – sie späht die Blüte – die Rose blühte

Diphthonge (Zwielaute): au; ei – ai; eu – äu

53	In der deutschen Rechtschreibung gibt es fünf Schreibungen für Diphthonge (Zwielaute): – **au** – **ei** und **ai** – **eu** und **äu** Alle Diphthonge sind **lange Vokale**. In einigen Wörtern steht (ausnahmsweise) nach dem Diphthong *ei* ein Fugen-h.	Maus Reis; Mais heute; Häute gedeihen, leihen, verzeihen Reihe, Reiher, Weiher
54	**ei** und **ai** klingen in der deutschen Standard-Aussprache vollkommen gleich. Es gibt keine Denkregel dafür, weshalb für ein Wort in der Rechtschreibung das eine oder das andere Zwielaut-Zeichen genommen werden muss.	Die **Schreibung mit ei** ist der normale Fall: dein, Seife, Eifer, seit usw. Die Zahl der **Wörter mit ai** ist gering: Hai, Kaiser, Laie, Mai, Mais, Waise (elternloses Kind); Hain (Wäldchen), Laib (Brot), Laich (Fischeier), Maid, Rain (Ackergrenze), Saite (im Musikinstrument)

55	**Unterscheidungsschreibung** (vgl. Nr. 52)	Laib (Brot) — Leib (Körper) Saite (im Musikinstrument) — Seite (im Buch; rechte und linke Seite) Waise (elternloses Kind) — Weise (Art und Weise; Melodie)
56	**eu** und **äu** klingen in der deutschen Standard-Aussprache vollkommen gleich. Ob ein Wort mit **äu** geschrieben wird, kann man meistens mit **Rechtschreibhilfe II (Ableiten)** feststellen (vgl. Nr. 47).	Bräutigam < Braut Mäuse < Maus einzäunen < Zaun Räuber < Raub Gebäude < bauen räuchern < Rauch Gehäuse < Haus säubern < sauber gläubig < glauben Säugling < saugen Gräuel < Grauen Säure < sauer häufig < Haufen täuschen < Tausch läuten < laut träumen < Traum ohne regelhafte Herleitung: Knäuel, räuspern, Säule, sich sträuben
57	**Unterscheidungsschreibung** (vgl. Nr. 52)	heute – Häute (< Haut)

Kurze Vokale: Besonderheiten

58	In einigen Wörtern wird nach betontem kurzem Vokal der folgende Konsonantenbuchstabe **nicht verdoppelt**:	
	– in einigen Kurzwörtern,	**Präpositionen und Konjunktionen:** an, in, um; ab, bis, mit, ob **Adverb:** drin **Pronomen und Artikel:** das, der, des, was, wes; man **Beachte jedoch:** man ↔ Mann (Unterscheidungsschreibung) des ↔ dessen in ↔ innen wes ↔ wessen drin ↔ drinnen **Regelgerecht werden geschrieben:** dann, dass, denn (Konjunktion), wann, wenn
	– in zwei Verbformen: **bin – hat**,	ich bin; er hat aber: er hatte (regelgerecht)
	– in einigen **Substantiven (Nomen)** vom Typ Himbeere.	Brombeere, Himbeere, Imker, Imbiss, Sperling, Walnuss

59	In einigen Wörtern wird der Konsonantenbuchstabe **verdoppelt, obwohl** der vorausgehende kurze Vokal **nicht betont** ist (Ausnahme vom 2. Grundsatz, Nr. 49):	
	– Verlängerungen von Wörtern mit den **Wortendungen** • **-in** • **-nis** und **-is** • **-as** und **-os** • **-us**	Fahrerin → Fahrerinnen Ergebnis → Ergebnisse Kürbis → Kürbisse Ananas → Ananasse Rhinozeros → Rhinozerosse Omnibus → Omnibusse
	– Wörter, die auf ein **Grundwort** (Stammwort der Wortfamilie) **mit Konsonantenverdoppelung** zurückzuführen sind,	kontrollieren < Kontrolle nummerieren < Nummer; auch Nummerierung
	– einige **Fremdwörter** mit stimmlosem (scharfem) s-Laut im Inlaut,	Diskussion, Fassade, Kassette, Mission, passieren, Possessivpronomen, Rezession
	– einige andere Fremdwörter.	Affekt, akkurat, Allee, Batterie, Differenz, Effekt, Illusion, korrekt, Lotterie, Million, Opposition, Porzellan, raffiniert
60	Der gleiche Konsonantenbuchstabe kann **in zusammengesetzten Wörtern dreifach** stehen.	Schifffahrt, Schwimmmeister (zugelassene Nebenschreibungen: Schiff-Fahrt, Schwimm-Meister); Wettturnen, Brennnessel, Fetttopf, Betttuch, Schnellläufer, Bestellliste; Flusssenke, Flussstrecke
	Bei einigen Wörtern steht nur der Doppelkonsonant (also kein Dreifachkonsonant).	Mittag, dennoch, Drittel
61	**Kombination von Konsonantenverdoppelung und -häufung:** Die beiden Kürzezeichen (Verdoppelung und Häufung) stehen im Entweder-oder-Verhältnis zueinander, vgl. 2. Grundsatz, Nr. 49.	Merke: Keine Konsonatenverdoppelung innerhalb einer Konsonantenhäufung! bald, abstrakt, faktisch, Faktor, Pakt, praktisch, Takt; Direktor, elektrisch, Insekt, Inspektor, korrekt, Perspektive, Projekt; melken, Nelke, Herz; Zimt; Doktor; Produkt; insgesamt, sämtlich; mürbe; die Kante; das Land
	Dennoch kommt es in drei Fallgruppen zum **Nebeneinanderstehen von Konsonantenverdoppelung und -häufung:** – in **Verbformen** und Ableitungen daraus (vgl. im Einzelnen Nr. 62: Kombinationsregel),	kannte, gekannt (< kennen); bekannt; die Bekannten; auch: die Erkenntnis (< kennen)

– in **flektierten (gebeugten) Formen** anderer Wortarten,	der dü*mm*ste (Superlativ < du*mm*), die dü*nn*ste (< dü*nn*), des Si*nn*s (< Si*nn*)	
– in **zusammengesetzten Wörtern** als zufälliges Zusammentreffen.	a*ll*gemein, a*ll*mählich; Bru*mm*bär; auch: Scha*ltt*afel, Sa*ndd*orn, Da*mm*bruch, E*ll*bogen, Fa*llb*etrachtung; He*mm*schwelle; Mi*ttw*och, Ri*tt*meister; Scha*ll*mauer, Schna*ppsch*uss, Schwi*mm*becken, So*nn*tag; Ste*llw*and, Tre*ff*punkt, Wo*llm*ütze	

62 Die **Kombination** von Konsonantenverdoppelung und -häufung (d. h. eine Verdoppelung innerhalb einer Konsonantenhäufung) kommt vor allem bei **Verben** und **Ableitungen von Verben** vor:

– in **Personalformen des Verbs** (gebeugten Formen von Zeitwörtern), wenn der Infinitiv (Grundform, Nennform) eine Konsonantenverdoppelung aufweist,

es bre*nnt*	<	brennen	sie schwi*mmt*	<	
er gli*mmt*	<	glimmen	schwimmen		
du ka*nnst*	<	können	du so*llst*	<	sollen
sie ka*nnt*e	<	kennen	sie so*nnt* sich	<	sich
er ke*nnt*	<	kennen			

– in **Partizipien** (ebenfalls: wenn der Infinitiv eine Konsonantenverdoppelung aufweist)

geka*nnt*	<	kennen: ich habe ihn geka*nnt*
gespa*nnt*	<	spannen: wir sind gespa*nnt*

– sowie in **Adjektiven,** die aus einem Verb mit einem Doppelkonsonanten **abgeleitet** sind,

beka*nnt*	<	kennen
verbra*nnt*es Holz	<	brennen

– und **Substantiven (Nomen),** die aus einem solchen Adjektiv oder aus einem entsprechenden Partizip oder direkt aus dem Verb **abgeleitet** sind.

unsere Beka*nnt*en	<	beka*nnt*	<	ke*nn*en
Ke*nnt*nis	<	ke*nn*en		
der Verba*nn*te	<	verba*nnt*	<	verbannen

Außerdem gibt es die Kombination in anderen flektierten (gebeugten) Formen.

dumm +st	<	der dü*mm*ste (Schildbürger)
Kinn +s	<	des Ki*nn*s

Wer im Zweifel ist, stellt nacheinander die folgenden Fragen:

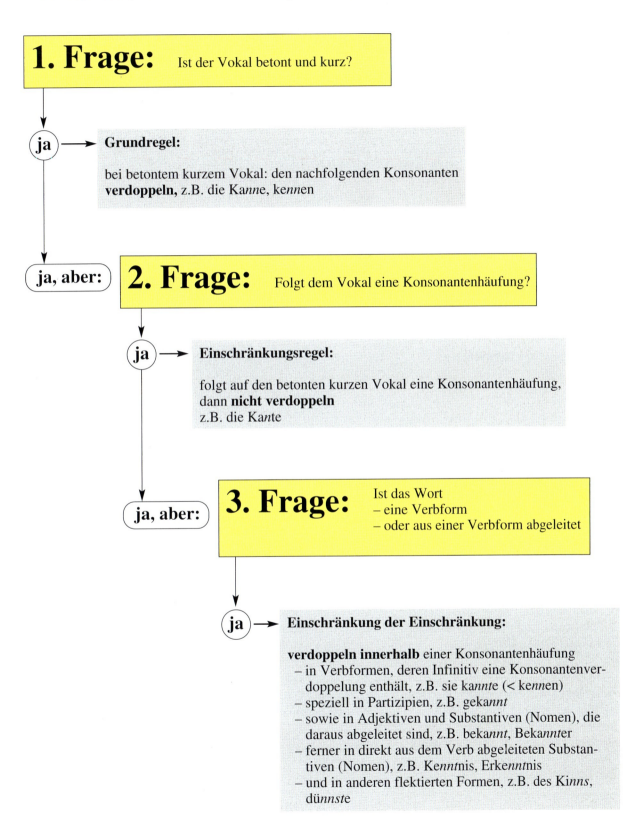

63 **Schreibung des kurzen e/ä-Lautes:** Die Buchstaben **e** und **ä** geben beim Schreiben denselben kurzen Laut wieder: das kurze [ɛ]. Anders als beim langen e und langen ä kann man also beim Kurzvokal keinen Unterschied zwischen e und ä hören.

*E*ndung, verg*e*lten; *Ä*rger, K*ä*lte

ebenso ohne einen hörbaren Unterschied:
*E*ltern – *ä*ltere Mitbürger

Für den kurzen [ɛ]-**Laut** schreibt man dann den **Buchstaben ä**, wenn es eine **Grundwort** (Stammwort) mit **a** gibt.

B*ä*nder	<	B*a*nd
H*ä*lse	<	H*a*ls
K*ä*lte	<	k*a*lt

auch:
beh*ä*nde < H*a*nd
überschw*ä*nglich < Überschw*a*ng (< schwingen)

Außerdem schreibt man ä in den nebenstehenden Wörtern.

d*ä*mmern, Gel*ä*nder, L*ä*rm, M*ä*rz, Sch*ä*rpe

64 Es gibt auch Wörter mit **zwei möglichen Schreibungen (Doppelschreibung)**.

Schenke < ausschenken   Schänke < Ausschank
aufwendig < aufwenden   aufwändig < Aufwand

65 **Unterscheidungsschreibung** (vgl. Nr. 52)

L*e*rche (Vogel) – L*ä*rche (Nadelbaum)

Konsonanten

h

66 Der **Buchstabe h** erfüllt drei unterschiedliche Aufgaben:
– Er gibt einen Laut, den Hauchlaut, wieder (**Sprech-h**).
– Er stellt ein Längezeichen dar (**Dehnungs-h**) (vgl. Nr. 49).
– Er bezeichnet die Fuge zwischen zwei Vokalen (meist einem betonten langen und einem unbetonten kurzen Vokal) (**Fugen-h**).

*H*and, *H*aus, *H*erd, *h*ier, *h*olen, *H*und

Fa*h*ne, Fa*h*rzeug, la*h*m, Ma*h*lzeit

bejahen wird gesprochen als [bəjáːən], nicht: [bəjáːhən]
entsprechend: nahen: [náːən]
Mühe: [mýːə]
Ruhe: [rúːə]

67 Ein **Fugen-h** bleibt **in allen Formen** und in der **ganzen Wortfamilie** erhalten (und wird dabei oft zum Dehnungs-h, z.B. in Dra*h*t); wichtig vor allem für Verbformen, z.B. ge*h*en → sie ge*h*t.

na*h* (< na*h*e); auch: Nä*h*e
entsprechend: er sa*h* (< se*h*en), auch: ihr sa*h*t;

aus diesem Grund auch: dre*h*en → Dra*h*t, nä*h*en → Na*h*t

s – ß – ss

68 Als **Schriftzeichen für die s-Laute** kennt die Rechtschreibung: **s, ß, ss**.

Verwendet man nur Großbuchstaben, so wird das ß durch SS ersetzt: Straße → *STRASSE*.
In der Schweiz wird statt des Zeichens ß immer der Doppelbuchstabe ss geschrieben: Straße → *schweizerisch:* Strasse.

69 s-Laut im Wortinneren

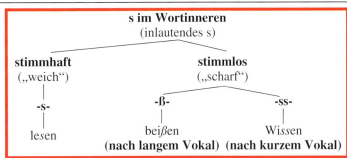

a) Im Wortinneren (im Wortinlaut) wird der **stimmhafte** (weiche) **s-Laut** durch **s** wiedergegeben.

brausen	hinweisen	lesen	reisen
Gemüse	Hose	lose	sausen
Hase	leise	Nase	weise usw.

b) Im Wortinneren wird der **stimmlose** (scharfe) **s-Laut nach** *langem* **Vokal** durch **ß** wiedergegeben.

sie fraßen	Muße	Größe	vergrößern
wir saßen	Buße	Grüße	entblößen
fließen	draußen	Füße	beißen
genießen	außer	Preußen	heißen
Soße	Gefäße	Sträuße	fleißig
			usw.

c) Im Wortinneren wird der **stimmlose s-Laut nach** *kurzem* **Vokal** durch **ss** wiedergegeben; vgl. aber Nr. 70.

passen	Klasse	Russe	Schlüssel
lassen	Messe	Fässer	Flüsse
Tasse	Bissen	Pässe	Nüsse
Masse	Rosse	Schlösser	usw.

70 s-Laut am Wortanfang

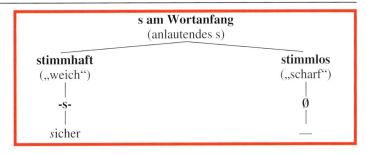

Am **Wortanfang** (im Wortanlaut) steht immer **s-**.

Das **anlautende s** wird **immer stimmhaft** (weich) gesprochen (vgl. Nr. 69a)). In der Standard-Aussprache kommt ein anlautendes stimmloses (scharfes) s nicht vor, wohl aber in der gehobenen Umgangssprache in verschiedenen Teilen Süddeutschlands.

sagen, sauber, Seele, sicher, summen

Für stimmloses s im *Silben*anlaut (z.B. beißen, essen) siehe Nr. 69.

71 s-Laut am Wort- und Silbenende

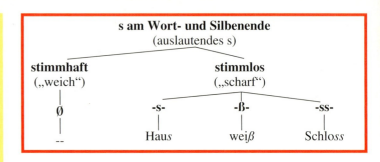

a) Am **Wort- oder Silbenende** (im Auslaut) wird das s **immer stimmlos** (scharf) gesprochen.

b) Das auslautende s wird durch den **Buchstaben s** wiedergegeben
– in solchen Wörtern, die **in ihren flektierten** (gebeugten) **Formen** ein **stimmhaftes** (weiches) **s** aufweisen

die Maus → die Mäuse   der Kreis → die Kreise
der Fels → die Felsen   dies → diese
das Gras → die Gräser → grasen   usw.

– oder in deren **Wortfamilie** ein **stimmhaftes** s vorkommt,

los, löslich (Silbenauslaut) < lösen
sie las < lesen

– in einigen **Kurzwörtern,**

das, es (Artikel, Pronomen), was; eines, etwas, nichts; als, aus, bis, falls, los

– in einigen **Adverbien,** bei denen das s das Kennzeichen der Wortart ist,

bereits (< bereit; Adverb-Kennzeichen: -s), abends, abwärts, eilends, morgens, nirgends, stets, unversehens, vollends, vorwärts, zusehends

– in Wörtern mit den **Endungen**
• **-nis** und **-is**
• **-as** und **-os**
• **-us**

Bildnis, Geheimnis, Versäumnis, Zeugnis; Kürbis
Ananas, Atlas; Rhinozeros
Globus, Krokus, Omnibus

– und in einigen sonstigen Wörtern.

Mais, Reis

c) Das auslautende s wird wiedergegeben durch das **Schriftzeichen ß nach langem Vokal** oder **Diphthong** (Zwielaut), sofern das Wort nicht zur Gruppe b) gehört.

das Maß; der Spieß, Grieß; Kloß, groß, bloß; Fuß; Fleiß, weiß, der Schweiß; Strauß usw.

d) Das auslautende s wird wiedergeben durch den **Doppelbuchstaben ss** nach **betontem kurzem Vokal.**

dass (Konjunktion),
blass, Einlass, Fass, lass!, nass, Pass;
essbar (Silbenauslaut), kess, Stress;
der Biss, sie biss, ein bisschen, gewiss, missbilligen (Silbenauslaut);
Amboss, das Ross, Schloss;
Fluss, Kuss, muss, Schluss, Schuss;
grässlich (Silbenauslaut), hässlich (Silbenauslaut) usw.

2 s-Laut + t

```
            s-Laut + t
          (immer stimmlos)
      ┌────────┼────────┐
      st       ßt       sst
      │        │         │
   Lust, stark er heißt gewusst
```

a) In **Verbindung** mit dem **t-Laut** wird das s normalerweise **st** geschrieben.

Bei manchen Wörtern lässt sich diese Schreibung mit der **Rechtschreibhilfe II** (vgl. Nr. 47) erklären.

b) In Wörtern, die **ohnehin** ein ß enthalten, wird die Lautverbindung mit t wiedergegeben durch **ßt**.

c) In Wörtern, die **ohnehin** ein ss enthalten, wird die Lautverbindung mit t wiedergegeben durch **sst**.

stark;
Faust, fast, das Fest, fest, Geist, gestern, husten, Kasten, Kiste, meistens, Mist, Osten, Rest, selbst, Trost, Westen

sie beweist < beweisen
erlöst < erlösen
sie reist (nach Dresden) < reisen

gießen → er gießt
groß → der größte Erfolg
heißen → sie heißt

küssen → geküsst
müssen → sie mussten
wissen → sie wussten, gewusst, bewusst, Bewusstsein

73 Besonderheiten bei ss + st

Beim Zusammentreffen von ss und st wird **ein s ausgestoßen**:
– in der 2. Person Singular (Präsens Indikativ) von **Verben mit s, ß oder ss,**

– auch bei Verben mit *tz* oder *x,*

– manchmal in Superlativen von **Adjektiven mit s-Laut.**

reisen – du reist (nicht: reis + st → * reisst)
beißen – du beißt (nicht: beiß + st → * beißst)
hassen – du hasst (nicht: hass + st → * hassst) usw.

sitzen – du sitzt (nicht: sitz + st → * sitzst)
mixen – du mixt (nicht: mix + st → * mixst)

groß – der größte (nicht: größ + ste → *größste) usw.

74 Wortreihen mit wechselnder s-Schreibung

Bei den Stammformen mancher Verben (vgl. Nr. 18) und innerhalb mancher Wortfamilien wechseln Vokallänge und Vokalkürze miteinander; dementsprechend wechseln auch die Schreibungen des s-Lautes.

beißen – er biss – gebissen – der Biss – ein Bissen – ein bisschen usw.
fließen – er floss – geflossen – fließend – der Fluss – flüssig
genießen – er genoss – genossen – der Genuss
wissen – er weiß – er wusste – Gewissen – Bewusstsein

75 Unterscheidungsschreibung
(vgl. Nr. 52)

er biss – bis
er fasst – fast
du hasst (< hassen) – du hast (< haben)
sie isst (< essen) – sie ist (< sein)
sie ließ (die Arme sinken) – Lies einmal das! (< lesen)
es misst (< messen) – Mist
sie reißt (< reißen) – sie reist (< reisen)

Beachte auch (bei unterschiedlicher Vokallänge):
die Masse – die Maße

Die das/dass-Regel

76 a) Der Sinn der Regelung ist es, das Lesen erheblich zu erleichtern. Die Lesenden können die Konjunktion *dass* und die entsprechenden Nebensätze sofort erkennen und somit beim Lesen die Satzgefüge besser durchschauen.

das	–	Pronomen (Relativpron., Demonstrativpron.) Artikel
dass	–	unterordnende Konjunktion

b) **Ersatzprobe:** Ein **das/dass** nach einem Komma schreibt man dann **mit -s**, wenn man es durch *welches* oder *dies* ersetzen kann.

Das Auto, das wir gekauft haben, hat vier Türen.
= Das Auto, *welches* wir gekauft haben, …
→ **Relativpronomen**

Daniel sagte, das sei ihm neu.
= Daniel sagte, *dies* sei ihm neu.
→ **Demonstrativpronomen**

Ilse sagte, das Buch liege noch auf dem Tisch.
= Ilse sagte, *dies* Buch liege noch auf dem Tisch.
→ **Artikel**

c) **Ersatzprobe:** Wenn man ein **das/dass nach einem Komma** jedoch **nicht** durch *welches* oder *dies* ersetzen kann, wird es **mit -ss** geschrieben.

1. Lisa sagte, dass sie diese Antwort nicht erwartet hatte.
2. * Lisa sagte, welches sie diese Antwort nicht erwartet hatte: ein ungrammatischer Satz!
3. * Lisa sagte, dies sie diese Antwort nicht erwartet hatte: ein ungrammatischer Satz!

Also: Das Ersetzen ist nicht **nicht möglich;** vielmehr gilt: **das/dass** ist **unterordnende Konjunktion** und wird daher mit **-ss** geschrieben.

d) Auch am Satzanfang wird ein **das/dass** mit -ss geschrieben, wenn man es nicht durch *dies* ersetzen kann.

Dass wir gewinnen würden, hatte ich nicht mehr geglaubt.

77 **Doppelschreibung:** Die Konjunktion **sodass** kann in einem Wort, sie darf aber auch in zwei Wörtern geschrieben werden.

Sie passte nicht auf, **sodass** sie den zugespielten Ball verfehlte.
auch möglich: …, **so dass** sie den Ball verfehlte.

z – tz

78 Der **Buchstabe z** und die **Buchstabenverbindung tz** geben eine Lautkombination wieder: [ts]. Sie klingen vollkommen gleich, werden aber in der Rechtschreibung unterschiedlich verwendet:

- Das *z* steht nach langem Vokal und nach Konsonanten,

- das *tz* nur nach betontem kurzem Vokal.

  In einigen **Fremdwörtern** wird der **Doppelbuchstabe zz** verwendet.

Brezel (das *e* ist standardsprachlich lang), du*z*en, Hei*z*ung, Kapu*z*e, Kau*z*, Kreu*z*ung, rei*z*en;
A*rz*t, He*rz*, Ho*lz*, je*tz*t, Ka*nz*ler, Konfere*nz*, ku*rz*, ta*nz*en, Sa*lz*
Klo*tz*, Me*tz*ger, Ne*tz*, Nu*tz*en, Pla*tz*, Pu*tz*, Wi*tz*

Ja*zz*, Pi*zz*a, Ra*zz*ia, Ski*zz*e;
Interme*zz*o

ck – kk

79 Das **Schriftzeichen ck** ist eine besondere Form von **Buchstabenverdoppelung.** Es steht nur hinter einem **betonten kurzen Vokal**, nie hinter einem Konsonanten. Es dient der Kennzeichnung der Vokalkürze (siehe Nr. 49). Das Zeichen ck steht **anstelle von kk.**

di*ck*, Zu*c*ker

z. B. Blo*ck*, Fle*ck*, Sa*ck*, spu*c*ken, Stü*ck*, Tri*ck*

Nur in wenigen **Fremdwörtern** wird **als Ausnahme kk** geschrieben.

A*kk*lamation, A*kk*ord, A*kk*ordeon, A*kk*u (Kurzwort aus: A*kk*umulator), a*kk*urat, A*kk*usativ, Ma*kk*aroni, Mo*kk*a, O*kk*upation, Pi*kk*olo (auch: Pi*cc*olo), Sa*kk*o

ch am Wortanfang

80 Gelegentlich steht **ch am Wortanfang,** obwohl *k* gesprochen wird. Es handelt sich um Wörter altgriechischer Herkunft.

Nur in Süddeutschland, Österreich, Südtirol und in der Schweiz spricht man *ch-* in den folgenden Wörtern wie *k-*: Chemie, China, Chinin, Chirurg.
(Im sonstigen deutschen Sprachgebiet wird *ch-* vor den Vokalen *e* und *i* als Reibelaut wie in *ich* [„ich-Laut"] gesprochen.)

Im gesamten deutschen Sprachgebiet wird *k* gesprochen in:
Chaos	Chor	Chronik
Charakter	christlich	chronisch
Chlor	Chrom	Orchester (Manche sprechen hier *ch*.)

In manchen Wörtern steht **ch am Wortanfang**, obwohl *sch* gesprochen wird. Es handelt sich um Wörter französischer Herkunft.

Wie *sch* wird es gesprochen in:
Champignon, Chanson, Chef, Chiffre

b – p

81 **b und p** klingen oft gleich. Meistens können die **Rechtschreibhilfen I und II** – Verlängern und Ableiten – Klarheit schaffen (vgl. Nr. 46 und 47).

sie gibt < ge*b*en   Lump → Lum*p*en
Kalb   → Käl*b*er   er pumpt < pum*p*en

Bei Unsicherheiten beim Wortanfang oder beim Silbenanlaut hilft nur das Nachschlagen im Wörterbuch.

Für manche Wörter gibt es keine Regel. Man muss sich ihre Schreibung einprägen.	Abt hübsch Krebs Obst	Gips Haupt Klempner Knirps Mops Papst	Propst Raps September Rezept Schlips Schnaps

d – t (sowie dt – tt)

82 **d und t** klingen oft gleich. Meistens können die **Rechtschreibhilfen I und II** – Verlängern und Ableiten – Klarheit schaffen (vgl. Nr. 46 und 47).

Bun*d* → Bun*d*es   bun*t* → bun*t*e
Lei*d* < lei*d*en   Gelei*t* < lei*t*en
Gel*d* → Gel*d*er   Entgel*t* < gel*t*en
bargel*d*los < Gel*d* → Gel*d*es

Bei Unsicherheiten beim Wortanfang oder im Wortinneren hilft nur das Nachschlagen im Wörterbuch.

Für manche Wörter gibt es keine Regel. Man muss sich ihre Schreibung einprägen.

aben*d*s   nirgen*d*s
eilen*d*s   ihr sei*d*
irgen*d*   sei*t* (gestern, drei Tagen)
Jugen*d*   wir sin*d*
morgen*d*lich   zusehen*d*s
nie*d*lich

Beachte aber: höchstens, meistens, morgens, schnellstens, unversehens, vergebens, wenigstens

83 **Tod und tot** werden in der Rechtschreibung unterschieden. Das Substantiv (Nomen) *Tod* schreibt man am Ende mit *d*. Das Adjektiv *tot* schreibt man am Ende mit *t*.

Gleichfalls mit -*d* werden alle von *Tod* abgeleiteten Zusammensetzungen geschrieben.

to*d*ernst, der To*d*feind, to*d*krank (auf den Tod – das Sterben – krank, sterbenskrank), to*d*sicher, to*d*unglücklich

Mit -*t* werden entsprechend die von *tot* abgeleiteten Zusammensetzungen geschrieben.

der To*t*e, To*t*geburt
to*t*arbeiten (so arbeiten, dass man – fast – to*t* ist), sich to*t*ärgern, to*t*fahren, to*t*lachen, to*t*sagen, to*t*schweigen

84 Die Schärfung (Verstärkung) des d/t-Lautes führt zu einem Nebeneinander von **d, dt, t, tt**. Die meisten Schreibungen kann man sich herleiten mithilfe der **Rechtschreibhilfen I und II** (vgl. Nr. 46 u. 47).

Gewan*d* → Gewän*d*er
Verban*d* < verbin*d*en
Versan*d* < versen*d*en
Gesan*dt*schaft < gesen*d*et [Durch Ausstoßung des *e*, das zwischen ihnen stand, sind die Konsonanten *d* und *t* zusammengerückt.]
Verwan*dt*schaft < verwan*dt* → Verwan*dt*e
[Verwandte sind diejenigen Menschen, die einander familiär „zugewendet" sind.]

Die Schreibung einiger **Grundwörter** (Stammwörter) kann man sich nicht herleiten; man muss sie sich einprägen:	**Stadt** Stadtteil = Stadt + Teil
	         Stadttheater = Stadt + Theater
	
	Kleinstädte < Sta*dt*
	
	statt, anstatt
	-statt (in Verbindungen), z. B. Werk*statt*
	Statthalter < jemand, der die Stelle, (Stä*tt*e, „Sta*tt*")
	                      stellvertretend „hält", innehat
	Brandstätte < -sta*tt*	

85 **Unterscheidungsschreibung** (vgl. Nr. 52)	ihr sei*d* – sei*t* (drei Tagen)	

g – k und g – ch

86 **g** und **k** klingen oft gleich. Meistens können die **Rechtschreibhilfen I und II** – Verlängern und Ableiten – Klarheit schaffen (vgl. Nr. 46 und 47). Für manche Wörter gibt es jedoch keine Regel. Man muss sich ihre Schreibung einprägen.	Flu*g* < flie*g*en Gesan*g* < sin*g*en Gestan*k* < stin*k*en Gewöl*k* < Wol*k*en Bu*g*, Tal*g*, Ta*k*t	Klini*k* → Klini*k*en So*g* → sau*g*en Ta*g* → Ta*g*e Tan*k* → Tan*k*er
87 Auch in der Frage, ob im Auslaut (am Wort- oder Silbenende) **g** oder **ch** geschrieben wird (vor allem bei norddeutscher Aussprache), helfen die **Rechtschreibhilfen I und II** (vgl. Nr. 46 und 47). Merke als Besonderheit:	Schla*g* → Schlä*g*e er ma*g* < mö*g*en Zum **Suffix -ig** vgl. Nr. 96; lusti*g* → lusti*g*er Dickicht, Docht, Fracht, Macht	Kra*ch* → Krä*ch*e sie ma*ch*t < ma*ch*en fröhli*ch* → fröhli*ch*er
88 **Unterscheidungsschreibung** (vgl. Nr. 52)	Flu*g* (flie*g*en) – Flu*ch* (verflu*ch*en) du ma*g*st – du ma*ch*st Sie*g* – sie*ch* (krank) Tei*g* (zum Backen) – Tei*ch* (kleiner See)	

v – f – pf – ph

89 **f** und **v** werden in der Rechtschreibung unterschieden. Eine Regel lässt sich nicht formulieren; daher muss man sich die Schreibung einprägen.	Mit **v** in der Aussprache *f* werden vor allem geschrieben:
	vor, ver-, viel, vorn(e)
	
	ferner: *V*ers bra*v* Detekti*v*
	           *V*ieh Lar*v*e Infiniti*v*
	           Ner*v* Moti*v*
	                                      Nominati*v*, Akti*v* usw.

Mit **v** werden vor allem die rechts wiedergegebenen Wörter geschrieben.	Mit **v** in der Aussprache *w* werden geschrieben: Uni*v*ersität *V*ase *V*ene *V*irus In den folgenden Wörtern mit **v** wird im norddeutschen Sprachgebiet das *v* als *w* gesprochen, im süddeutschen hingegen als *f*: bra*v*e Leute Perspekti*v*e *V*atikan di*v*idieren pri*v*at *V*egetarier e*v*angelisch Pro*v*iant *V*entil Kur*v*e Pul*v*er *V*ulkan No*v*ember Skla*v*e zi*v*il
Als Schreibung mit **f** sollte man sich merken:	*f*ort (aber: *v*or, *v*orne)
Mit **pf** werden die nebenstehenden Wörter geschrieben.	*Pf*ahl *Pf*eil *Pf*licht *Pf*alz (Kaiser*pf*alz) *Pf*erd *Pf*und *Pf*and *Pf*laume Trum*pf* *Pf*anne
Mit **ph** werden die nebenstehenden Wörter geschrieben. Sie sind alle altgriechischer Herkunft.	Al*ph*abet *Ph*antom Pro*ph*et Apostro*ph* *Ph*ase Stro*ph*e As*ph*alt *Ph*ilharmonie Trium*ph* Atmos*ph*äre *Ph*iloso*ph*ie Di*ph*thong *Ph*ysik Katastro*ph*e *Ph*os*ph*or Meta*ph*er
Für einige Wörter gibt es **Doppelschreibung**.	Del*f*in, *F*antasie, *f*antastisch Wortbestandteile *-fon-, -fot-, -graf-*: Tele*f*on, *F*otogra*f*, Gra*f*ik, Paragra*f* Für alle diese Wörter ist auch die Schreibung mit *ph* **zulässig.** Hingegen ist im fachsprachlichen Gebrauch eher die Schreibung mit *ph* **üblich,** beispielsweise in den folgenden Wörtern: Orthogra*ph*ie, *ph*onstark, *Ph*onzahl, *Ph*otochemie, *Ph*otosynthese In diesen Wörtern ist **auch** die Schreibung mit *f* **korrekt.**
90 **Unterscheidungsschreibung** (vgl. Nr. 52).	*F*alz (Umbiegung, Blechrand, Papierfalte) – *Pf*alz er *f*and – *Pf*and *F*eile (Werkzeug) – *Pf*eile (Zeichen, Geschosse) *f*etter – *V*etter (Cousin) er *f*iel – *v*iel *F*lug (fliegen) – *Pf*lug (den Acker pflügen) *f*ort – *Pf*orte der *F*und (gefunden) – das *Pf*und

th; rh

91 **th: ungewöhnliche Schreibung**
In einigen Wörtern wird der **t-Laut** durch **th** (statt durch t) wiedergegeben. Diese Wörter stammen alle aus dem Altgriechischen. In der altgriechischen Schrift gab es einen eigenen Buchstaben für den behauchten t-Laut.

*T*heater, *T*hema, *T*heorie, *T*herapie, *T*hermometer, *T*hermosflasche, *T*hermostat, *T*hese, *T*hron;
Apo*t*heke, Diph*t*hong, E*t*hik, Hypo*t*hese, Ka*t*hedrale, Ka*t*hete, Ma*t*hematik, Me*t*hode, Or*t*hopäde, Rhy*t*hmus, Sympa*t*hie

Für zwei Wörter gibt es **Doppelschreibung**.

Pan*t*her	auch korrekt:	Panter
*T*hunfisch		Tunfisch

Es gibt aber auch Wörter altgriechischen Ursprungs, die mit einem **einfachen *t*** geschrieben werden (und schon im Altgriechischen mit dem Buchstaben für den einfachen t-Laut geschrieben wurden).

Archi*t*ekt, A*t*mosphäre, Hypo*t*enuse, Ka*t*alog, Ka*t*astrophe, Kri*t*ik, Me*t*apher, Rhe*t*orik

92 **rh: ungewöhnliche Schreibung**
In einigen Wörtern wird der **r-Laut** durch **rh** (statt durch r) wiedergegeben. Diese Wörter sind alle altgriechischer Herkunft und wurden mit behauchtem **r** gesprochen.

*R*hythmus, *R*hapsodie, *R*hesusfaktor, *R*hetorik, *R*hododendron, *R*hombus

Für zwei Wörter gibt es **Doppelschreibung**.

Kata*r*rh	auch korrekt:	Katarr
My*r*rhe		Myrre

x – ks – cks – gs – chs

93 Die Buchstaben und Schriftzeichen **x – ks – cks – gs – chs** geben eine **Lautkombination** wieder, die einen **s-Laut** enthält.
Der Buchstabe und die Zeichen treten nur im Auslaut auf. Sie klingen vollkommen gleich, werden aber in der Rechtschreibung unterschieden.
Die Schreibung einiger Wörter kann man sich mithilfe der **Rechtschreibhilfe II** (vgl. Nr. 47) herleiten.

Die Schreibung einiger anderer Wörter muss man sich einprägen.

Kle*cks*	<	kle*ck*ern	allerdin*gs*	<	Ding → Din*g*e
Kni*cks*	<	kni*ck*en	anfan*gs*	<	anfan*g*en
lin*ks*		(vgl. der lin*k*e Griff)	flu*gs*	<	flie*g*en

Axt	komplex	Luxus	Praxis
Boxer	kraxeln	mixen	Suffix
Hexe	lax	Plexiglas	Taxi

Achse	Dachs	Flachs	Ochse
Buchse	Deichsel	Fuchs	wachsen
Büchse	Eidechse	Lachs	wechseln

Vorsilben und Nachsilben

94 Grundbegriffe

Vor- und Nachsilben sind Sprechteilchen, z. B. *Ver*/nunft, kräf/*tig*
Präfixe und Suffixe sind Wortbausteine, z. B. *Be*+frei+*ung*

Be	*frei*	*ung*
Präfix	Wortstamm	Suffix (Ableitung)

Präfixe **vor** dem Wortstamm, z. B. be-, ent-, er-, ge-, ein-, ur-, ver-,
(Präfixe sind zugleich Vorsilben)

Suffixe **hinter** dem Wortstamm, z. B. -ig, -bar, -heit, -keit, -lich, -nis, -ung
Viele Suffixe sind zugleich Nachsilben,
aber nicht alle.   z. B. -bar, -lich, -nis, -sam (ein*sam*)

Suffixe dienen dem **Ableiten** von   Teil+*ung*   (Suffix: *ung*, Nachsilbe hingegen: *-lung*)
Wörtern, z. B. Heil*ung* aus *heil*.   lust+*ig*   (Suffix: *ig*, Nachsilbe hingegen: *-tig*)

95 Vorsilben

Es ist zweckmäßig, dass man sich die
Rechtschreibung einiger Vorsilben
einprägt:

- **ent-**   entwerfen; Entdeckung; entbehrlich, entsetzlich
- **miss-**   missbilligen, missverstehen; Missachtung; misslich
- **ur-**   Ursache, Urlaub; uralt
- **ver-**   verarbeiten, verbrauchen; Verfolgung
- **vor-**   Vorsorge; vorbildlich; vorwärts, vorher, voraus, vorhanden

Unterscheide die **Vorsilbe** *ent-* von   Ent/schei/dung   – un/end/lich
der **Silbe** *end-* (< Ende).   ent/loh/nen   – end/los
                                             Ent/gelt, un/ent/gelt/lich – end/gül/tig, End/er/geb/nis

Unterscheide **vor-** von **fort-**.   *vor*/fahren   – *fort*/fahren
                                             vor/gehen   – *fort*/gehen
                                             vor dem Tor   – *fort* von hier

96 Nachsilben und Suffixe

Es ist zweckmäßig, dass man sich die
Rechtschreibung einiger Nachsilben
und Suffixe einprägt:

Nachsilben:
- **-bar**   brauchbar, denkbar, fruchtbar, furchtbar, lenkbar, trinkbar
- **-mal(s)**   einmal, keinmal, manchmal; niemals, vielmals
- **-nis**   Erkenntnis, Erlaubnis, Finsternis
- **-sam**   biegsam, einsam, mühsam, unaufhaltsam, sparsam
- **-wärts**   ostwärts, rückwärts, seitwärts, vorwärts
- **-lich**   ähnlich, erfreulich, fürchterlich, leserlich, nämlich, neulich

Suffixe:
- **-ig**   billig, brummig, listig, lustig, steinig, zulässig
- **-end**   auffallend, bedeutend, dringend, erfrischend, lachend, reizend, spannend, tanzend
-end ist die Wortendung des Partizips I [Partizip Präsens der Verben] (vgl. Nr. 14)

Scheinbare Ausnahme:
Manche Wörter enden auf *-lig*. Aber das ist kein weiteres Suffix. Vielmehr kommt dieses Wortende dadurch zustande, dass der Wort*stamm* auf *-l* endet und sich daran das Suffix *-ig* anschließt.

eilig   < Eil + ig
heilig
langweilig
mehlig

ölig
stachelig
wohlig

---

97 Wenn man im Zweifel ist, ob ein Wort auf *-ig* oder *-lich* endet, hilft auch hier wieder die **Rechtschreibhilfe I** (Verlängern); vgl. Nr. 46.

billig → billiger
langweilig → langweiliger
steinig → der steinige Weg
zulässig → das zulässige Gesamtgewicht
ehrlich → der ehrliche Finder
erfreulich → die erfreuliche Tatsache
freundlich → noch freundlicher

---

98 Der **Unterschied von *-ends* und *-ens*** ist nur schwer zu erklären; man merkt ihn sich am besten von Fall zu Fall (d. h. von Wort zu Wort).

abends (am Abend)
vollends (vollenden)
nirgends

morgens (am Morgen)
übrigens (die übrigen)
meistens (die meisten)
wenigstens (die wenigsten)
seitens

Getrennt- und Zusammenschreibung

Allgemeines

99 In der deutschen Sprache sind viele Wörter **Zusammensetzungen**, z.B. *Fußball*.

Fuß und *Ball* sind Bestandteile des zusammengesetzten Wortes *Fußball*.

Einige Zusammensetzungen kann man daran erkennen, dass sie ein Fugen-s enthalten.

Arbeitsplatz, Freiheitskampf, Frühlingsblume, Säuglingspflege, Schlafenszeit;
altersbedingt, gewohnheitsmäßig, hilfsbereit, lebensfroh

Zusammengesetzte Wörter werden selbstverständlich **als ein Wort geschrieben.**

Bahnhofsvorplatz (mit Fugen-s); Fahrrad, Feuerleiter, Feuerwehr, Herdplatte, Kochfeld
dunkelrot, langweilig, lesenswert (mit Fugen-s), nasskalt, vieldeutig, urteilsfähig (mit Fugen-s);
abbiegen, ankommen, einkaufen, mitspielen, weggehen, zusammenfassen;
heimbringen, irreführen, stattfinden, teilnehmen;
bereithalten, fernsehen, festsetzen, wahrsagen

> Als **wichtigste Faustregel** gilt daher: Was du ohne zu zögern als ein zusammengesetztes Wort verstehst, das schreibe zusammen.

Verben

100 a) Bei den Verben bereiten fast nur die **trennbaren (unfesten) Zusammensetzungen** (Verben vom Typ **vorausgehen**) Rechtschreibprobleme.
(Zum Begriff siehe Nr. 2)

*voraus*gehen, *voraus*gegangen, Lisa, die *voraus*ging, …
aber: sie ging *voraus*
[Zusammenschreibung im Infinitiv, im Partizip und in der Endstellung im Nebensatz, in allen anderen Formen Getrenntschreibung]

b) Das amtliche Regelwerk enthält eine **Liste von 92 Partikeln**, die mit Verben zusammengeschrieben werden.

Zum Begriff Partikel siehe Nr. 9 ff.

Die Liste der 92 möglichen Bestandteile:

ab-	drauflos-	hervor-	um-
an-	drin-	herzu-	umher-
auf-	durch-	hin-	umhin-
aus-	ein-	hinab-	unter-
bei-	einher-	hinan-	vor-
beisammen-	empor-	hinauf-	voran-
da-	entgegen-	hinaus-	vorauf-
dabei-	entlang-	hindurch-	voraus-
dafür-	entzwei-	hinein-	vorbei-
dagegen-	fort-	hintan-	vorher-
daher-	gegen-	hintenüber-	vorüber-
dahin-	gegenüber-	hinterher-	vorweg-
daneben-	her-	hinüber-	weg-
dar-	herab-	hinunter-	weiter-
d(a)ran-	heran-	hinweg-	wider-
d(a)rein-	herauf-	hinzu-	wieder-
darnieder-	heraus-	inne-	zu-
darum-	herbei-	los-	zurecht-
davon-	herein-	mit-	zurück-
dawider-	hernieder-	nach-	zusammen-
dazu-	herüber-	nieder-	zuvor-
dazwischen-	herum-	über-	zuwider-
drauf-	herunter-	überein-	zwischen-

Außerdem werden nach dem amtlichen Wörterverzeichnis zusammengeschrieben: bevorstehen, drüberfahren, drunterstellen sowie Zusammensetzungen mit den umgangssprachlichen Bestandteilen ran-, rein-, rauf- usw.

Die meisten Menschen schreiben Verbindungen dieser Art gewohnheitsmäßig – und ohne Zögern und Zweifeln – richtig. Im Zweifelsfall empfiehlt sich das Nachschlagen in einem **Wörterbuch**. Denn diese Liste mit 92 Bestandteilen wird kaum jemand auswendig lernen.

c) Die in b) aufgezählten Partikeln werden vom Verb **getrennt geschrieben,** wenn sie offensichtlich dem Verb als **selbstständiges Satzglied** gegenüberstehen (als Adverbiale, vgl. Nr. 30). (Vgl. Nr. 106)

zusammen spielen (= *gemeinsam* spielen)

d) In Verbindung mit allen anderen Adverbien und sonstigen Partikeln werden Verben von der Partikel **getrennt geschrieben.**

offen legen, oben stehen, hinten bleiben, allein erziehen, überhand nehmen;
besonders von Adverbien auf **-wärts** und auf **-einander:**
vor*wärts* blicken, rück*wärts* fahren; aus*einander* gehen

101 Verben, die **untrennbare (feste) Zusammensetzungen** sind, werden naturgemäß zusammengeschrieben.

*lang*weilen, sie *lang*weilt sich, ge*lang*weilt
*unter*suchen, sie *unter*sucht, *unter*sucht
*wett*eifern, sie *wett*eiferten, ge*wett*eifert
*wieder*holen, sie *wieder*holt, *wieder*holt

102 a) Rechtschreibschwierigkeiten bereiten außer den Verbindungen mit einer Partikel (vgl. Nr. 100b)) Verbindungen von der Form **Adjektiv + Verb**.

bereit + stellen = bereitstellen
nahe + legen = nahe legen

	b) In den meisten Fällen werden solche Verbindungen **getrennt geschrieben,** nämlich dann,	nahe + bringen = nahe bringen übrig + bleiben = übrig bleiben
	– wenn sich das Adjektiv in diesem Textzusammenhang **steigern** oder **erweitern** lässt (vor allem durch *sehr* oder *ganz*),	gut gehen (wegen *besser* gehen, *sehr* gut gehen, *ganz* gut gehen usw.), nahe bringen, schlecht gehen
	– wenn das Adjektiv auf ein Ableitungssuffix endet: **-ig, -lich.** vgl. Nr. 94.	läst*ig* fallen, übr*ig* bleiben; deut*lich* machen
	c) Mit den sonstigen Adjektiven werden Verben **zusammengeschrieben** (Typ: **fernsehen**).	bereitstellen, bloßstellen, fernsehen, festlegen, freisprechen (= nicht verurteilen), schwarzfahren, wahrnehmen, wahrsagen
103	a) Es gibt eine geringe Anzahl von **Substantiven (Nomen),** mit denen Verben **zusammengeschrieben** werden (Typ: **teilnehmen**).	heimkommen, teilnehmen
	Der **Wortinhalt** dieser Substantive (Nomen) ist **verblasst.**	Man denkt nicht konkret an einen ‚Teil' (Anteil, Teilstück).
	Das amtliche Regelwerk zählt 9 solche Substantive (Nomen) auf.	*haus*halten, *heim*kommen, *irre*führen, *preis*geben, *stand*halten, *statt*geben, *teil*nehmen, *wett*eifern (< Wette, vgl. auch Nr. 101), *wunder*nehmen
	b) Von allen anderen Substantiven (Nomen) werden Verben **getrennt geschrieben.** (Vgl. aber Nr. 105)	Rad fahren, Schlittschuh laufen, Halt machen, Schlange stehen, Walzer tanzen, Hunger haben, Maschine schreiben, Recht haben, Unrecht tun
104	In Verbindungen mit einem Verb als zweitem Bestandteil wird in folgenden Fallgruppen stets **getrennt geschrieben:**	
	– alle Formen des Verbs **sein,**	da sein, vorbei sein, zurück sein, dabei gewesen, da gewesen
	– **Verb (Infinitiv) + Verb,**	kennen lernen, liegen bleiben, liegen lassen, sitzen bleiben, spazieren gehen
	– **Partizip + Verb.**	gefangen nehmen, getrennt schreiben, (beim Partizip I ist die Getrenntschreibung selbstverständlich:) wütend werden,
	Siehe ferner Nr. 100 d) 102 b) 103 b).	auseinander setzen, nahe bringen, Rad fahren
105	Nach **Wortartenwechsel** vom Verb (Infinitiv) zum Substantiv (Nomen) kommt es zur **Zusammenschreibung.** (Vgl. Nr. 120)	auseinander gehen → das Auseinandergehen da sein → das Dasein glücklich sein → das Glücklichsein Rad fahren → das Radfahren rückwärts fahren → das Rückwärtsfahren sitzen bleiben → das Sitzenbleiben Unrecht tun → das Unrechttun

106 Die Regelungen zur Schreibung von Verbindungen mit einem Verb als zweitem Bestandteil ermöglichen eine Anzahl von **Unterscheidungsschreibungen** (vgl. Nr. 52).

Der **Wortinhalt** (Bedeutung) ist **verschieden,** je nachdem ob die Verbindung zusammen- oder getrennt geschrieben wird.

Bei Verbindungen mit den Bestandteilen

– **hoch-/hoch**
– **weiter-/weiter**
– **wieder-/wieder**
– **wohl-/wohl**
– **zusammen-/zusammen**

sollte man sich im Zweifelsfall in einem **Wörterbuch** vergewissern.

Adjektiv + Verb

festhalten (ein Ergebnis)	– fest halten (z.B. eine Hundeleine)
freisprechen (nicht verurteilen)	– frei sprechen (nicht ablesen)
gleichmachen (völlig angleichen)	– gleich machen (sofort machen)
großschreiben (mit großem Anfangsbuchstaben)	– groß schreiben (in großer Schrift, nicht winzig)
gutschreiben (anrechnen, eine Gutschrift machen, hinzubuchen)	– gut schreiben (leserlich schreiben)
hochfliegen (auffliegen, Richtungsangabe, wohin?)	– hoch fliegen (in der Höhe fliegen, Ortsangabe, wo?)
hochspringen (Hochsprung [Sportart] machen, was?)	– hoch springen (nicht flach springen, wie? Art und Weise)

Partikel + Verb

dabeisitzen (mit in der Runde sitzen)	– dabei sitzen (während eines Vorgangs sitzen)
daherkommen (herbeischlendern)	– daher kommen (aus diesem Grund so sein)
weitergehen (1. fortsetzen, 2. nicht stehen bleiben)	– weiter gehen (eine längere Strecke gehen)
wiederbekommen (zurückbekommen)	– wieder bekommen (erneut etwas bekommen)
wiedergewinnen (zurückbekommen)	– wieder gewinnen (erneut gewinnen, siegen)
wiederholen (noch einmal machen)	– wieder holen (erneut herbeiholen)
wiederkommen (zurück)	– wieder kommen (nochmals)
zusammenlaufen (auf einen Punkt hin, z.B. Fäden sind zusammengelaufen)	– zusammen laufen (gemeinsam laufen)
zusammenspielen (in eine Richtung wirken)	– zusammen spielen (gemeinsam spielen)

Diagramm für Getrennt- und Zusammenschreibung beim Verb

Ist man sich nicht sicher, ob eine Verbindung mit Verb getrennt oder zusammengeschrieben wird, sollte man sich nacheinander folgende Fragen stellen, z.B. *Ist der rechte Bestandteil ein Verb? Ist der rechte Bestandteil eine Form von „sein"?*

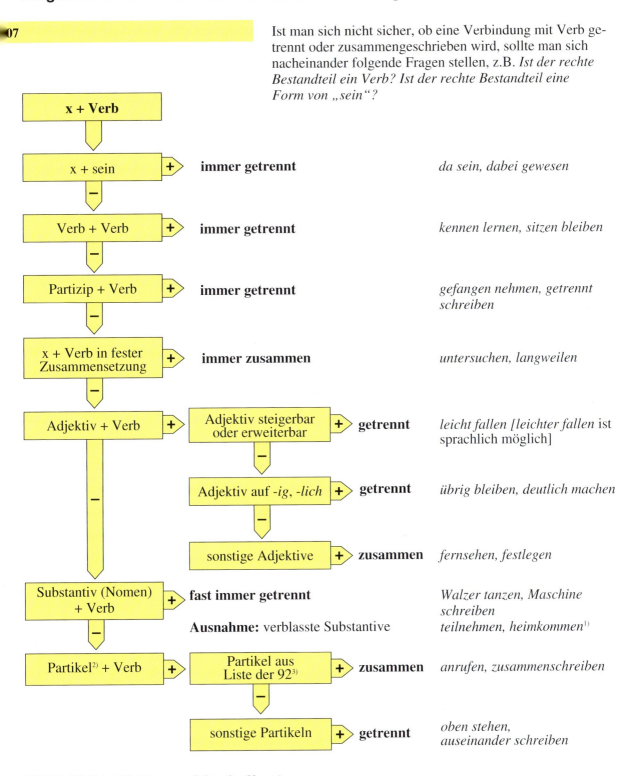

[1] Vgl. Nr. 103. Es handelt sich um neun Substantive (Nomen).
[2] Partikeln hier: Adverbien und Präpositionen; vgl. Nr. 9
[3] Vgl. Nr. 100 b)

Substantive (Nomen)

108 Zu den **Zusammensetzungen** werden naturgemäß viele **Substantive (Nomen)** gerechnet, weil in der deutschen Sprache das Zusammensetzen die produktivste Form der Wortbildung ist.

Blumenkohl, Gemüsehändler, Grundschule, Hauptbahnhof

Ansage, Inbetriebnahme, Zusammenfassung
Ausbildungsvertrag, Wohnungstür (mit Fugen-s)

Das gilt auch für Substantive (Nomen), die einen oder mehrere Bestandteile enthalten, die **aus einer anderen Wortart** stammen,

die Nachkommen, das Stelldichein, das Suppengrün [*grün* ist ursprünglich ein Adjektiv], das Vergissmeinnicht, die Vorfahren (vgl. auch Nr. 105 u. 120)

sowie für Substantive (Nomen), die einen **Namen** enthalten.

Ebertallee, Reschenpass, Elbufer, Europabrücke, Goetheschule, Kopischweg, Mörikegedicht, Stresemannstraße,

aber: August-Kopisch-Weg, Gustav-Stresemann-Straße, Friedrich-Ebert-Allee

Getrennt geschrieben werden hingegen zweiteilige Bezeichnungen, deren **erster Bestandteil** eine **Ableitung auf -er** von einem **geografischen Eigennamen** ist.

Allgäuer Alpen, Brandenburger Tor, Hamburger Straße, Naumburger Dom, Potsdamer Abkommen, Thüringer Wald, Torgauer Elbbrücke, Ulmer Münster

109 Schreibungen mit Bindestrich
Diese Schreibung gilt für Zusammensetzungen

– mit Einzelbuchstaben,

A-Dur, x-Achse, C-Dur-Tonleiter, U-Bahn, S-Bahn-Schalter

– mit Abkürzungen,

Fußball-WM, IC-Zuschlag, Kfz-Papiere, UKW-Sender, UN-Sicherheitsrat

– mit Ziffern.

3-silbig, 6-jährig
(selbstverständlich auch möglich: dreisilbig, sechsjährig)

Die Schreibung mit Bindestrich gilt auch für Zusammensetzungen, die aus **mehr als zwei Teilen** bestehen und als Substantiv (Nomen) verwendet werden.

das Arzt-Patient-Verhältnis, die Do-it-yourself-Bewegung, Frage-und-Antwort-Spiel, die Wenn-dann-Aussage, die Wort-für-Wort-Übersetzung;
das An-den-Haaren-Herbeiziehen, das Sowohl-als-Auch

(Zusammensetzungen aus mehr als zwei Bestandteilen werden aber ohne Bindestrich als ein Wort geschrieben, wenn sie übersichtlich sind.)

das Inkrafttreten, der Motorradfahrer, das Zustandekommen, das Infragestellen

Diese Verwendung des Bindestrichs nennt man **Durchkoppelung.**
Bei Durchkoppelungen wird der **Infinitiv großgeschrieben** (sind es mehrere Infinitive, so wird der letzte großgeschrieben),

das Auf-die-lange-Bank-*S*chieben, das In-der-Welt-*S*ein, das Mitten-in-der-Nacht-*A*ufwachen

das Sich-retten-*L*assen

	außerdem der **Anfangsbuchstabe** der ganzen Zusammensetzung und alle einbezogenen Substantive (Nomen).	das *In*-den-*F*erien-Sein (aber: das Fröhlichsein [Zusammensetzung aus nur zwei Bestandteilen; vgl. Nr. 105 u. 108])
	Die Schreibung mit Bindestrich trifft ferner zu auf **mehrteilige Zusammensetzungen,** deren erste Bestandteile **Eigennamen oder geographische Namen** sind.	August-Kopisch-Weg (aber: Kopischweg, vgl. Nr. 108), Elbe-Havel-Kanal, Friedrich-Oetinger-Straße (aber: Oetingerstraße), Heinrich-Heine-Allee, Julius-Leber-Schule, La-Plata-Mündung, Theodor-Heuss-Platz
10	Man **k a n n** einen Bindestrich verwenden,	
	– um Zusammensetzungen aus sehr verschiedenartigen Bestandteilen **übersichtlich** zu machen,	die Ich-Erzählung, die Ist-Erträge, eine Kann-Bestimmung, die Soll-Erträge, die Soll-Zahlen (auch möglich: die Icherzählung usw.); der dass-Satz
	– um die Gleichrangigkeit von Adjektiven hervorzuheben,	ein englisch-deutsches Wörterbuch
	– um das Aufeinandertreffen dreier Buchstaben zu vermeiden,	Bett-Tuch, Hawaii-Inseln, Schiff-Fahrt
	– um Missverständnisse auszuschließen.	Musikerleben → Musik-Erleben oder Musiker-Leben
11	Der **Ergänzungsbindestrich** steht in zusammengesetzten Wörtern, wenn ein gemeinsamer Bestandteil nur einmal geschrieben wird.	bergauf und -ab, Buchausleihe und -rückgabe, ein- bis zweimal, Englischbücher und -hefte, Haupt- und Nebeneingang, vor- und rückwärts

Adjektive und Partizipien

12	**Zusammengeschrieben** werden diejenigen mehrgliedrigen **Adjektive und Partizipien,** bei denen ein Bestandteil **nicht als selbstständiges Wort** vorkommt.	gutmütig < gut + -mütig; -*mütig* ist kein selbstständiges Wort
		blauäugig, dickfellig, einfach, gleichaltrig, gleichförmig, gleichmäßig, gleichrangig, großspurig, hartherzig, hellhörig, letztmalig, redselig, schwerfällig, schwerhörig, schwindsüchtig, tiefgründig, vieldeutig, werbewirksam, wissbegierig;
		schwerstbehindert (*schwerst*- kommt selbstständig nicht vor)
		(Nach der neuen Rechtschreibregelung soll das auch für rechte Bestandteile gelten, die gesteigert sind: eine gewinn*bringendere* Anstrengung, die gewinn*bringendste* Geldanlage [*bringender, *bringendste kommen selbstständig nicht vor])
	Bei der Selbstständigkeitsprobe darf sich der Wortinhalt der Bestandteile nicht verändern.	einzigartig, gleichmäßig, gleichzeitig, gutartig; *artig, mäßig, zeitig* bedeuten als allein stehende Wörter etwas anderes als in der Verbindung.

113 a) Verbindungen mit einem Adjektiv oder Partizip, die erkennbar eine **Zusammensetzung** sind, werden **zusammengeschrieben.**

lebensfroh, vertrauenerweckend

b) Solche Zusammensetzungen lassen sich daran erkennen, dass die ganze Verbindung dadurch gesteigert werden kann, dass man den **rechten Bestandteil steigert** (vgl. Nr. 115b)).

angsterregend, furchteinflößend, gewinnbringend, schwerwiegend, weitreichend, vertrauenerweckend (wegen vertrauenerweckend*er*)

c) Manche Zusammensetzungen lassen sich daran erkennen, dass sie einen **Fugenlaut** enthalten.

anlehnung*s*bedürftig, gefühl*s*betont, geschäft*s*mäßig, hilf*s*bedürftig, hilf*s*bereit, leben*s*bejahend, leben*s*froh, schicksal*s*ergeben, segen*s*reich, vertrauen*s*voll, sonn*en*arm

114 Adjektive und Partizipien können mit anderen Wörtern **Verbindungen** vom Typ **freudestrahlend** bilden.

In diesen Verbindungen lässt sich der linke Bestandteil als **Verkürzung einer Wortgruppe** auffassen.

freudestrahlend	<	*vor Freude* strahlend

Als Zusammensetzungen werden sie **zusammengeschrieben.**

butterweich	<	weich *wie* Butter
denkfreudig	<	*im Denken* freudig
eisgekühlt	<	*(wie) mit Eis* gekühlt
fehlerfrei	<	*frei von* Fehlern
handgestrickt	<	*mit der Hand* gestrickt
hautfreundlich	<	*zur Haut* freundlich, *für die Haut* freundlich
herzerfrischend	<	*das Herz* erfrischend
jahrelang	<	*mehrere Jahre* lang
knielang	<	lang *bis zum Knie*
meterhoch, -breit	<	*einen* (oder: *mehrere*) *Meter* hoch, breit
schlafwandelnd	<	*im Schlaf* wandelnd
selbstsicher, -bewusst	<	*seiner selbst* sicher, bewusst
tonangebend	<	*den Ton* angebend
umfangreich	<	reich *an Umfang*
weltbekannt	<	*der ganzen Welt* bekannt
wortgewaltig	<	*mit Worten* gewaltig

Die Wortgruppe, die verkürzt wird, muss aus mindestens zwei **notwendigen Wörtern** bestehen;

herzerfrischend < *das Herz* erfrischend; der Artikel *das* ist hier **notwendig** (d.h. obligatorisch); denn der zugrunde liegende Infinitiv lautet: *das Herz erfrischen;*
* *Herz erfrischen* wäre kein korrektes Deutsch

andernfalls wird die Verbindung **getrennt** geschrieben.

Rad fahrend, die Rad fahrenden Kinder; im Infinitiv ist zwar *ein/das Rad fahren* sprachlich möglich; aber der Artikel *(ein/das)* ist **nicht notwendig** (d.h. fakultativ), denn *Rad fahren* ist korrektes Deutsch

weitere Beispiele:
die Eisen verarbeitende Industrie, Not leidend, die Not leidenden Flutopfer, die Rat suchenden Bürger

---

15 a) Verbindungen mit **Partizipien** als rechtem Bestandteil werden so geschrieben wie der zugrunde liegende Infinitiv.
Wird beim Infinitiv getrennt geschrieben, so wird auch beim Partizip getrennt geschrieben.

auseinander laufende Farbe	<	auseinander laufen
gefangen genommen	<	gefangen nehmen
genau genommen	<	genau nehmen
nahe liegend	<	nahe liegen
die Rad fahrenden Kinder	<	Rad fahren
sitzen geblieben	<	sitzen bleiben
verloren gegangen	<	verloren gehen

Wird beim Infinitiv zusammengeschrieben, so wird auch beim Partizip zusammengeschrieben. Vgl. aber Nr. 113b) u. 115b).

bloßgestellt	<	bloßstellen
teilgenommen	<	teilnehmen

Man schreibt: nebenstehend, weil es keinen Infinitiv **neben stehen* gibt.

b) In manchen Fällen kann abweichend von der Schreibung, die für den Infinitiv gilt, zusammengeschrieben werden, weil das Partizip in der Weise gesteigert werden kann, wie sie in Nr. 113b) beschrieben ist.

schwerwiegend (trotz: schwer wiegen), denn die Steigerungsformen schwerwiegend*er* und schwerwiegend*st* sind sprachlich möglich, obwohl viele Menschen *schwerer wiegend* und *schwerstwiegend* vorziehen.
ferner: furchterregend (trotz: Furcht erregen), denn es heißt: furchterregend*er* und am furchterregend*sten* usw.

Nach der amtlichen Regelung ist in solchen Fällen Doppelschreibung (zwei gleichberechtigte Schreibungen) möglich.

schwerwiegend	und auch:	schwer wiegend
furchterregend	und auch:	Furcht erregen

---

16 a) Verbindungen von der Form **Adjektiv + Adjektiv** werden teils getrennt, teils zusammengeschrieben.

b) Solche Verbindungen werden **getrennt geschrieben,**
– wenn sich das linke Adjektiv in diesem Textzusammenhang **steigern** oder **erweitern** lässt (vor allem durch *sehr* oder *ganz*),

gut gelaunt (*sehr* gut gelaunt, *besser* gelaunt), *leicht* verdaulich (*ganz* leicht verdaulich, *leichter* verdaulich, *sehr* leicht verdaulich), schwer verständlich (*schwerer* verständlich, *sehr* schwer verständlich)

– wenn das linke Adjektiv auf ein Ableitungssuffix endet:
-ig, -lich.

ries*ig* groß, winz*ig* klein; grün*lich* gelb

	c) Hingegen werden solche Verbindungen mit allen anderen linken Adjektiven **zusammengeschrieben**.	altbekannt, blaugrau (blau und grau zu etwa gleichen Teilen), grüngelb, nasskalt (nass und kalt), süßsauer [gleichrangige Adjektive] bitterkalt, hochgiftig, lauwarm [linkes Adjektiv bedeutungsverstärkend oder -mindernd]
117	Verbindungen von der Form **Partizip + Adjektiv** werden **getrennt geschrieben**.	kochend heiß, leuchtend rot, strahlend hell
118	**Mögliche Doppelschreibungen:** Das amtliche Regelwerk enthält eine „Toleranz-Regel". Sie überlässt es in manchen Fällen den Schreibenden, ob sie getrennt oder zusammenschreiben wollen. Sie duldet es, dass auf diese Weise Doppelschreibungen entstehen. Wenn Schreibende eine Wortverbindung fraglos als eine Zusammensetzung (also als e i n Wort) ansehen, so sollte die Zusammenschreibung geduldet werden. Überhaupt empfiehlt sich in der Frage der Getrennt- und Zusammenschreibung **Großzügigkeit**.	Das Regelwerk nennt als Beispiel nur: nicht öffentlich – nichtöffentlich Weitere mögliche Beispiele sind: schräg gedruckt – schräggedruckt [ähnlich zu den Schreibungen *großgeschrieben, großgedruckt*] fertig gestellt – fertiggestellt (Reparatur) frei gesetzt – freigesetzt (Energie) hart gekocht – hartgekocht (Ei) hoch begabt – hochbegabt nichts sagend – nichtssagend (Bemerkung) eine schwer verständliche Sprache – eine schwerverständliche Sprache warm gelaufen – warmgelaufen (Motor)
119	In manchen Fällen gibt es **Unterscheidungsschreibung** (vgl. Nr. 52).	ein freistehendes Haus (nicht bewohnt) – ein frei stehendes Haus (nicht Wand an Wand mit anderen) gleichgültig (innerlich unbeteiligt) – gleich gültig (in gleicher Weise gültig, in Geltung) großgedruckt (mit großem Anfangsbuchstaben oder nur in Großbuchstaben) – groß gedruckt (in großem Schriftgrad)
120	Nach **Wortartenwechsel** vom Adjektiv oder Partizip zum Substantiv (Nomen) kommt es zur **Zusammenschreibung**. (Vgl. Nr. 105)	allein erziehend > die Alleinerziehenden Hilfe suchend > ein Hilfesuchender oben stehend > das Obenstehende schwer behindert > ein Schwerbehinderter

Diagramm für Getrennt- und Zusammenschreibung beim Adjektiv (oder Partizip)

Ist man sich nicht sicher, ob eine Verbindung mit Adjektiv (oder Partizip) getrennt oder zusammengeschrieben wird, sollte man sich nacheinander folgende Fragen stellen, z. B. *Ist der rechte Bestandteil ein Adjektiv oder Partizip? Ist der linke Bestandteil kein mögliches selbstständiges Wort?*

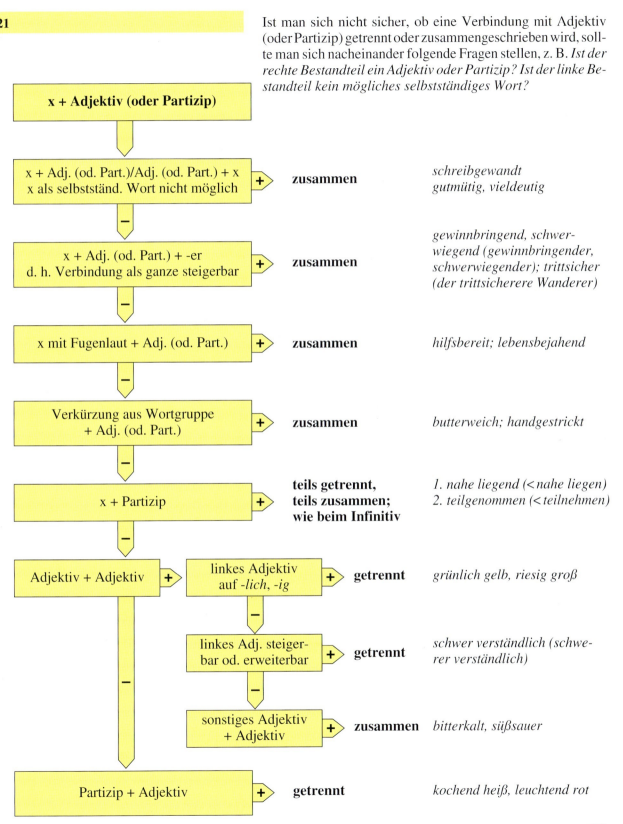

Andere Wortarten

122 **Pronomen** mit *irgend-* werden als Zusammensetzungen aufgefasst und zusammengeschrieben.

irgendein, irgendeine, irgendetwas, irgendjemand, irgendwas, irgendwelche, irgendwelcher, irgendwer

Das gilt jedoch nicht, wenn *irgend* erweitert ist durch *so*.

irgend so ein, irgend so etwas

Auch **Adverbien** mit *irgend-* werden zusammengeschrieben.

irgendeinmal, irgendwann, irgendwie, irgendwo, irgendwohin

123 Viele **Adverbien** sind Zusammensetzungen.

deswegen, meinetwegen;
infolgedessen, keinesfalls, keineswegs;
diesmal, einmal, keinmal, manchmal, zweimal;
erstmals, letztmals, vielmals;
bekanntermaßen, einigermaßen;
erfreulicherweise, erstaunlicherweise, klugerweise, probeweise;
bergauf, flussauf, kopfüber, landaus, landein, stromabwärts, tagsüber;
abhanden, beiseite, überhand

Als Zusammensetzungen werden auch die nebenstehenden Adverbien aufgefasst, darunter Zusammensetzungen mit **-so** und mit **-zu** und **zu-**; (vgl. Nr.125 u. 126).

ebenso, genauso, geradeso, sowieso, umso, wieso;
allzu, geradezu, hierzu, immerzu;
zuerst, zuallererst, zuallerletzt, zugute, zuhöchst, zuletzt, zumindest, zunichte, zuoberst, zustatten, zuteil, zutiefst, zuunterst, zuwege, zuwider (vgl. aber Nr. 126);

beizeiten, derzeit, jederzeit, seinerzeit, zurzeit;
jedoch: zur Zeit Heines, zu Zeiten Schillers

Der **Adverbbestandteil** *-einander* bildet mit Präpostionen Zusammensetzungen (zusammengesetzte Adverbien); die beiden Bestandteile werden **zusammengeschrieben**.

aneinander, aufeinander, auseinander, beieinander, durcheinander, füreinander, ineinander, miteinander, untereinander, voneinander, zueinander

124 Es gibt auch zusammengesetzte **unterordnende Konjunktionen:**

anstatt, sobald, sofern, solange, sooft, sosehr, soviel, soweit (vgl. Nr. 11);
Sofern du einverstanden bist, treffen wir uns morgen.

ebenso zusammengesetzte **nebenordnende** Konjunktionen,

sowie, sowohl (– als auch)

auch **Satzteilkonjunktionen**

desto, umso

und zusammengesetzte **Präpositionen.**

infolge, inmitten

25	Besondere Aufmerksamkeit ist nötig bei **Verbindungen mit *so*:**	
	– **Zusammenschreibung** bei unterordnenden Konjunktionen,	*Soweit* ich weiß, kommt Lisa schon morgen. *Soviel* mir bekannt ist, hat Daniel keine Geschwister. *Solange* Sarah noch nicht eingetroffen ist, können wir noch nicht anfangen.
	– **Getrenntschreibung**, wenn *so* ein Adverb ist.	Florian war mit den Aufgaben schon *so weit* gekommen, dass er aufhören konnte. In der Küche ist doch noch *so viel* Brot. Es kamen *so viele* Besucher zu unserer Aufführung, wie wir nie geglaubt hatten. Lukas blieb *so lange*, bis es dunkel wurde. Marie muss erst in einer Woche zurück. *So lange* bleibt sie bei uns in Berlin. [*so lange* gleichbedeutend mit *bis dahin*] so hoch, so weit, so fern, so bald, so oft, so sehr usw.
	Hingegen werden **Adverbien** vom Typ **sogleich** zusammengeschrieben. (vgl. Nr. 123 für Wörter vom Typ **ebenso**)	Die Schildbürger fanden *sogleich* die Ursache, wie sie meinten. sofort, sogar, sowieso
26	**Getrenntschreibung** ist in folgenden Verbindungen zu beachten:	
	– mit **zu**,	zu Recht [*zu* ist hier nicht verbunden mit einem Adverb, vgl. hingegen Nr. 123] zu Ende, zu Ende gehen, zu Hilfe, zu Hilfe kommen, zu Hilfe nehmen (z.B. ein Werkzeug) zu viel, zu wenig, zu weit (vgl. auch Nr. 100b); vgl. hingegen Nr. 123)
	– mit **wie**,	wie viel Kuchen, wie viele Gäste
	– mit **gar**.	gar kein, gar nicht, gar nichts
27	In einigen Fällen gibt es **wechselnde Schreibungen**. Das gilt vor allem für	
	– **Adverbien** bei **Erweiterung** eines **Bestandteils**,	achtmal – zum achten Mal, das achte Mal diesmal – dieses eine Mal keinmal – kein einziges Mal manchmal – so manches Mal erstmals – das erste Mal mehrmals – mehrere Male vielmal, vielmals – viele Male ein paarmal – ein paar Male jahrelang – mehrere Jahre lang freundlicherweise – in freundlicher Weise

– **Maßzahlen**	drei Achtel	– drei achtel Liter (vgl. Nr. 145) (auch: drei Achtelliter)
	fünf Hundertstel	– fünf hundertstel Sekunden (auch: fünf Hundertstelsekunden)
– **Wörter mit wechselnder Bedeutung.**	vielmehr	– viel mehr

Max ist kein hemmungsloser Esser. *Vielmehr* isst er sehr diszipliniert. [*Vielmehr* ist Gegensatzkonjunktion, ähnlich wie *aber, sondern, stattdessen.*]

Benni aß zu Mittag *viel mehr* als Max.

128 **Doppelschreibung:** Bei einigen Wörtern gibt es nebeneinander **zwei gleichberechtigte Schreibungen.**

anhand	– an Hand
anstelle	– an Stelle
aufgrund	– auf Grund
imstande (sein)	– im Stande (sein)
infrage kommen	– in Frage kommen
mithilfe	– mit Hilfe
sodass	– so dass
stattdessen	– statt dessen
	aber:
	statt deren (nur getrennt)
vonseiten	– von Seiten
zugunsten	– zu Gunsten
zugrunde (gehen, liegen)	– zu Grunde (gehen, liegen)
zuungunsten	– zu Ungunsten
nach Hause	– nachhause (nur in Österreich u. der Schweiz)
zu Hause	– zuhause (nur in Österreich u. der Schweiz)

Groß- und Kleinschreibung

Großschreibung

129 Das **erste Wort am Satzanfang** wird großgeschrieben.

*H*eute machen wir einen Wandertag. *W*ir wollen ins Elbsandsteingebirge.

Das gilt auch für das erste Wort im Wiedergabesatz der **direkten Rede,** auch wenn es sich dabei nicht um einen grammatisch vollständigen Satz handelt (vgl. Nr. 174).

Tom fragte: „*O*b wir das schaffen?"

Außerhalb der direkten Rede wird das erste Wort nach einem **Doppelpunkt** dann großgeschrieben, wenn auf den Doppelpunkt ein ganzer Satz folgt; vgl. Nr. 171.

Die Lage war klar: *D*ie Radfahrerin hatte die Vorfahrt beachtet.
aber: Eine Person hatte die Vorfahrt beachtet: *d*ie Radfahrerin.

30 Alle **Substantive (Nomen)** werden **großgeschrieben**. (Vgl. Nr. 135)	deine Antwort der Bruder das Enkelkind ihr Glaube	eine Million mein Schrank die Schuld	die Schwester ein Stuhl das Wort

31 Zu den Substantiven (Nomen) gehören auch die **Eigennamen** (auch mehrteilige):	
– Personennamen	Ludwig der *F*romme, Otto der *G*roße, August der *St*arke, Elisabeth die *Z*weite
– und Amtsbezeichnungen,	der *H*eilige Vater (der Papst), der *E*rste Vorsitzende
– Namen von Staaten	*V*ereinigte Staaten von Amerika, die *T*schechische Republik, *F*reie und Hansestadt Hamburg, *F*reie Hansestadt Bremen
– und Namen von Einrichtungen und Veranstaltungen,	die *D*eutsche Bahn, der *M*itteldeutsche Rundfunk, *I*nternationales *R*otes Kreuz, das *D*eutsche *R*ote Kreuz, der *T*ürkische *R*ote Halbmond; die *G*rüne Woche
– geografische Namen,	der *F*erne Osten, die so genannte „*D*ritte Welt", der *K*leine Belt, die *S*ächsische Schweiz
– auch Straßennamen,	*B*eim Brunnen, *I*m tiefen Grunde, *A*m Gehölz
– biologische Namen,	das *F*leißige Lieschen, die *G*emeine Stubenfliege
– Benennung bestimmter geschichtlicher Ereignisse,	der *W*estfälische Friede (1648), der *S*chwarze Tod (mehrere Pestseuchen im Mittelalter), die *G*oldene Bulle (Reichsgesetz von 1356), der *Z*weite Weltkrieg (1939–45)
– besondere Kalendertage und Ähnliches.	der *H*eilige Abend, der *W*eiße Sonntag, der *E*rste Mai; der Tanz ums *G*oldene Kalb, das *J*üngste Gericht

132 **Adjektive**, die **von Ortsnamen** und anderen geografischen Namen **abgeleitet** sind, werden – **großgeschrieben**, wenn sie auf *-er* enden, – **kleingeschrieben**, wenn sie auf *-isch* enden.	*H*amburger Verkehrsmittel *h*amburg*ische* Sprechweise

133 Zu den Substantiven (Nomen) gehören auch die **Substantive (Nomen) in festen Gefügen** (d.h. in festen Verbindungen). Zu manchen dieser Substantive (Nomen) gibt es gleich lautende Adjektive. Vgl. auch Nr. 143b).	*A*ngst haben *A*ngst machen *E*rnst machen *R*ad fahren Ihm war *angst* und *bange*. Ist es dir *recht*?	*R*echt behalten *R*echt haben *R*echt sprechen *U*nrecht haben

134 Das erste Wort eines **Buchtitels,** einer **Zeitschrift** oder eines **Zeitungsnamens,** eines **Gesetzes** oder **Vertrages,** einer **Kapitel-Überschrift** und von Ähnlichem wird großgeschrieben.

*D*er kaukasische Kreidekreis, *D*er Winterschlaf des Igels, *S*üddeutsche Zeitung, *D*ie Welt;
*S*ächsisches Hochschulgesetz, der *W*estfälische Friede

auch innerhalb eines Satzes:
Unser nächstes Lesestück ist „*D*er Augsburger Kreidekreis".
Wir wollen diese Erzählung mit dem „*K*aukasischen Kreidekreis" vergleichen.
Es stand in der „*Z*eit".

135 Substantivierung (Nominalisierung):
Auch solche Wörter, die ursprünglich einer anderen Wortart angehörten, werden großgeschrieben, wenn sie **als Substantive (Nomen) verwendet** werden.
Sie sind dann in die Wortart Substantiv (Nomen) übergetreten.

Verben:	sein *K*ommen, dein *R*ufen, das *Sch*wimmen (vgl. Nr. 105) Lisa hatte Freude am *St*ricken. Betty kam vom *Sp*ielen.
Adjektive und **Partizipien:**	das *Sch*öne, die *A*lten, das *E*ingemachte, unser *E*ingefrorenes, das *L*etzte, etwas *F*eines, genug *N*eues, viel *G*utes, manches *B*rauchbare, allerlei *U*nnützes, wenig *W*ichtiges, nichts *W*ichtiges Es ist das *B*este, wenn du sofort kommst. (Vgl. Nr. 120)
Pronomen:	Tom musste immer das eigene *I*ch in den Vordergrund stellen. ein gewisses *E*twas, das *M*ein und das *D*ein unterscheiden
Numeralien (Zahlwörter)	
Kardinalzahlen:	Der Zeiger rückte auf die *E*ins. (Vgl. Nr. 141)
Ordinalzahlen:	Die Miete ist am *E*rsten jedes Monats fällig.
unbestimmte Zahlwörter:	Es kam *V*erschiedenes dazwischen. Sina war die *E*inzige, die diese Sprunghöhe erreichte. Das haben *U*nzählige gesehen. jeder *E*inzelne, im *E*inzelnen, alles *Ü*brige; vgl. aber Nr. 139.
Adverbien:	ein großes *D*urcheinander, das *H*in und *H*er, im *V*oraus
Präpositionen:	das *F*ür und *W*ider Der Ball rollte ins *A*us.
Konjunktionen:	Es kommt nur auf das *D*ass an, nicht auf das *W*ie.

36 Substantivierungs- (Nominalisierungs)**merkmale:** Man erkennt ein substantiviertes (nominalisiertes) Wort meistens an einem der folgenden Merkmale:	
– vorausgehender Artikel oder vorausgehendes Pronomen,	*das* Neue *mein* Daheim, *nichts* Neues; dieser, jener, welcher; mein, dein, sein, ihr, unser, euer, ihr
insbesondere vorausgehendes Indefinitpronomen (vgl. Nr. 7g))	alles, einige, etwas, kein, manche, mancher, manches, nichts; auch: allerlei, manch
oder unbestimmtes Zahlwort (vgl. Nr. 8),	ein paar, viel, vielerlei, wenig; auch: genug
– vorangestelltes Adjektivattribut oder nachgestelltes Attribut beliebiger Art,	nach *langem* Hin und Her das Zweifache (auch: das Doppelte) *des früheren Preises*
– Verwendung als Subjekt oder Objekt, (vgl. Nr. 29 und 31)	Gestern kam *Verschiedenes* dazwischen. [Subjekt] Wir sahen *Verschiedenes*. [Objekt]
– Verwendung als kasusbestimmtes Attribut. (Vgl. Nr. 33)	Stephan als *Jüngster* kann noch nicht lesen. [Kasus hier: Nominativ]
37 Adjektive und **Partizipien** sowie **unbestimmte Zahlwörter** in festen Verbindungen werden dann **großgeschrieben,** wenn vor ihnen ein Artikel steht oder ein Artikel in eine Präposition mit einbezogen ist.	*das* Folgende; *im* Klaren (sein); *fürs* Erste, *des* Näheren, *aufs* Neue; *im* Einzelnen [unbestimmtes Zahlwort, vgl. Nr. 135], *im* Ganzen, *im* Wesentlichen
In Verbindungen **ohne Artikel** werden die Adjektive **kleingeschrieben,** auch dann, wenn sie eine Kasusendung an sich tragen.	durch *d*ick und *d*ünn, von *k*lein auf, von *n*ah und *f*ern; vor *k*urzem, von *n*euem, seit *l*ängerem, von *w*eitem, bei *w*eitem, bis auf *w*eiteres, ohne *w*eiteres
38 Das **Anredepronomen „Sie"** (**Personalpronomen,** Höflichkeitsanrede) schreibt man groß. Das gilt für alle Kasus	*S*ie, *I*hrer, *I*hnen
und für das **Possessivpronomen** in der schriftlichen oder schriftlich wiedergegebenen mündlichen Anrede in sämtlichen Kasus.	*I*hr Hund, *I*hre Katze, *I*hr Haus z. B. Ich habe *I*hren Hund gesehen. [Akkusativ]
Hingegen schreibt man **„du"** und ebenso **„ihr"** und **„dein", „euer"** auch in der schriftlichen Anrede klein.	Für *deinen* Brief möchte ich *dir* vielmals danken.

Kleinschreibung

139	**viel, wenig, der eine, der andere:** Diese **vier unbestimmten Zahlwörter** (mit allen Deklinations- und Steigerungsformen) werden immer **kleingeschrieben**. (Vgl. Nr. 8: unbestimmtes Numerale [Zahlwort] und zum Thema Substantivierung anderer unbestimmter Zahlwörter Nr. 135)	*v*iel, *v*iele, (auch: *m*ehrere, die *m*eisten), *w*enig(e), der *e*ine, der *a*ndere, die *v*ielen, einige *w*enige Ausnahme: als eine Bezeichnung für Gott: der *E*ine
140	**Adjektive** werden **auch nach Artikel** dann **kleingeschrieben**, wenn sie sich auf ein vorangegangenes oder nachfolgendes Substantiv (Nomen) beziehen.	Mit den neuen Lokomotiven hat sich die Fahrtdauer verkürzt. Die *a*lten konnten nicht so gut beschleunigen wie die *n*euen. [Bezugswort: *Lokomotiven*] Julia ist die *ä*lteste meiner drei Schwestern. [Bezugswort: *Schwestern*]
141	Die **Kardinalzahlen** (Grundzahlen) werden normalerweise **kleingeschrieben**. Gelegentlich können Kardinalzahlen aber substantiviert werden; dann werden sie, wie alle Substantive (Nomen), großgeschrieben. **Einige Kardinalzahlen** können **sowohl groß- als auch kleingeschrieben** werden (**Doppelschreibung**).	Diese *d*rei kamen uns bekannt vor. die *z*wei, die *b*eiden Es ist gleich *z*wölf Uhr. aber: Der Zeiger nähert sich der *Z*wölf. [Substantivierung, vorangehender Artikel, vgl. Nr. 135 u. 136] einige *h*underte von Menschen – einige *H*underte von Menschen in einigen *d*utzend Farben – in einigen *D*utzend Farben
142	Die **Indefinitpronomen** (vgl. Nr. 7g)) werden **kleingeschrieben**. Siehe aber im Gegensatz dazu über unbestimmte Numeralien (Zahlwörter) Nr. 135.	Die Indefinitpronomen werden nie substantiviert: *m*ancher, *j*emand, *k*einer usw.
143	a) **Desubstantivierung** (Denominalisierung): Es gibt Wörter, die aus der Wortart Substantiv (Nomen) in andere Wortarten übergetreten sind. Sie werden **kleingeschrieben**.	**Adverbien:** *a*bends, *m*orgens, *n*achts, *m*ittwochs, *a*nfangs; *b*eiseite (< Abend, Morgen, Nacht, Mittwoch, Anfang; Seite) **Präpositionen:** *a*bseits (*a*bseits der Straße), *a*ngesichts, *m*angels, *m*ittels (< Seite, Angesicht, Mangel, Mittel) **Konjunktionen:** *f*alls, *t*eils ... *t*eils (< Fall, Teil) **Indefinitpronomen:** ein *b*isschen, ein *p*aar (< Bissen [< Biss], das Paar)

b) Es gibt einige Substantive (Nomen), die in bestimmten Textzusammenhängen in eine andere Wortart übergegangen sind und daher in diesem Fall kleingeschrieben werden.	als **Adjektive** in Verbindung mit den Verben **sein, bleiben, werden:** *a*ngst, *b*ange, *e*rnst, *g*ram, *l*eid, *p*leite, *r*echt, *sch*uld, *u*nrecht; auch: *w*ert. (< die Angst, die Bange, der Ernst, der Gram, das Leid, die Pleite, das Recht, die Schuld; das Unrecht, der Wert) Das ist Lisa *r*echt. ↔ Lisa hat *R*echt. (Vgl. Nr. 132) als **Präpositionen:** *d*ank, *k*raft, *l*aut, *s*tatt, *t*rotz, *z*eit (< Dank, Kraft, der Laut, die Statt [Stätte], der Trotz, Zeit) Schneewittchen war den Zwergen *z*eit ihres Lebens dankbar.
Vgl. Nr. 127 für **wechselnde Schreibungen**.	*d*iesmal – dieses eine Mal

44 **Zeitangaben** werden teils klein-, teils großgeschrieben, je nachdem, ob man sie	
– als **Adverbien**	*a*bends, *m*orgens, *n*achts, *d*onnerstags
– oder als **Substantive (Nomen)**	am *A*bend, eines *A*bends, des *A*bends; in der *N*acht, des *N*achts, eines *N*achts; am *D*onnerstag
auffassen muss.	
Tageszeitbezeichnungen nach den **Adverbien** *heute, gestern, morgen, vorgestern, übermorgen* werden großgeschrieben.	gestern *M*orgen, heute *M*ittag, morgen *A*bend **aber:** (der) *D*ienstag*n*achmittag, (der) *F*reitag*a*bend, (der) *S*onntag*m*orgen

45 Die **Bruchzahlen auf -tel** werden vor Maßangaben kleingeschrieben. Sie werden auch in Uhrzeitangaben kleingeschrieben, wenn sie darin unmittelbar vor einer Kardinalzahl stehen.	ein *z*ehntel Millimeter, zwei *h*undertstel Sekunden, eine *d*reiviertel Stunde (vgl. auch Nr. 127) *d*reiviertel fünf
In allen anderen Fällen werden Bruchzahlen auf *-tel* und *-stel* großgeschrieben.	ein *D*rittel, das zweite *V*iertel, ein *Z*ehntel des bisherigen Preises ein *V*iertel vor fünf

Worttrennung am Zeilenende

146	Am Zeilenende werden Wörter an einer **Silbengrenze** getrennt. Die Silben ergeben sich beim langsamen Sprechen.	Bau-er, lang-sam, mü-de, Mu-se-um, ru-fen, schrei-ben, Steu-ern
147	Steht nur **ein Konsonant** zwischen zwei Vokalen, so kommt er bei der Trennung des Wortes auf die **nächste** Zeile. (Vgl. aber Nr. 148)	ba-den, bei-ßen, Ha-fen, ru-fen; ko-misch, trau-rig; auch: A-bend, a-ber, E-sel, o-der
	Stehen in einem **einfachen** (nicht zusammengesetzten) **Wort mehrere Konsonanten** zwischen zwei Vokalen, so kommt bei der Trennung des Wortes nur der **letzte** Konsonant auf die neue Zeile.	El-tern, Fin-ger, Gar-ten, müs-sen, Was-ser; auch: die Kis-te, der kühns-te, lus-tig, der sechs-te; imp-fen, kämp-fen
148	**Zusammengesetzte Wörter,** auch solche mit Vorsilben, werden nach ihren Bestandteilen getrennt, die Bestandteile ihrerseits gemäß Nr. 146 und 147.	Ver-ein (nicht: *Ve-rein) Tür-spalt (nicht: *Türs-palt) ab-fah-ren, be-rich-ten, Ba-de-meis-ter, Ver-eins-haus
149	Da Zusammensetzungen (im Sinne von Nr. 148) häufig nicht als solche aufgefasst werden, werden sie nach den in Nr. 146 und 147 wiedergegebenen Regeln getrennt. Diese Trennung ist gleichfalls zu akzeptieren. Daher ergibt sich für solche Wörter die Möglichkeit von **Doppelschreibungen** bei der Trennung.	her-an – he-ran hin-auf – hi-nauf in-ter-es-sant – in-te-res-sant Päd-a-go-gik – Pä-da-go-gik
150	Die **Buchstabenverbindungen** (Schriftzeichen) **ch, sch, ck, ph, th** werden nicht getrennt, wenn sie für einen Laut stehen.	Bü-cher, wa-schen, Na-cken, Phos-phor, Goe-the; auch: ba-cken, tro-cken, Zu-cker

Zeichensetzung

51 a) Der **Punkt** kennzeichnet das Ende eines

— Satzes

Der Zug fährt in diesem Augenblick ab.

— oder Satzgefüges

Der Wagen kam ins Schleudern, weil der Fahrer, als er den Hund erblickte, zu plötzlich gebremst hatte. (*Satzgefüge*)

— oder einer Satzreihe.

Ein Hund stürzte auf die Fahrbahn, der Fahrer eines herankommenden Wagens musste plötzlich bremsen, der Wagen geriet ins Schleudern. (*Satzreihe*)

(Vgl. Nr. 35, 40, 39)

b) Das **Fragezeichen** ist ein Mittel, um in der geschriebenen Sprache zu kennzeichnen, dass eine Äußerung als Frage verstanden werden soll.

Will Susanne mitkommen?
Wann wollen wir uns treffen?

Dies gilt auch dann, wenn der Satz nicht als Fragesatz (vgl. Nr. 36) gebaut ist.

Du kommst doch?

c) Durch das **Ausrufungszeichen** wird eine Äußerung als

— Ausruf

Ausgerechnet heute muss es regnen! (*Ausruf*)

— oder betonter Wunsch

Es wäre so schön, wenn jetzt die Sonne schiene! (*Wunsch*)

— oder betonte Aufforderung

Geht heute Abend bitte schnell ins Bett! (*Aufforderungssatz*)

— oder als aus anderen Gründen betont

Er gab das Buch nicht zurück, obwohl ich ihn nicht weniger als dreimal dazu aufgefordert hatte! (*betonte Aussage*)

gekennzeichnet.

d) Eine nicht betonte Aufforderung wird mit einem **Punkt** abgeschlossen.

Schreibt die Aufgabenstellung vollständig in eure Hefte.

52 Das **Komma** ist ein **grammatisches Gliederungszeichen.** Das Komma hat zwei verschiedene Aufgaben:

a) Das Komma macht die innere **Gliederung** von **Satzgefügen** und **Satzreihen** sichtbar. Das Komma trennt die Glieder eines Satzgefüges oder einer Satzreihe gegeneinander ab.

Siehe Nr. 153–164 sowie 169.

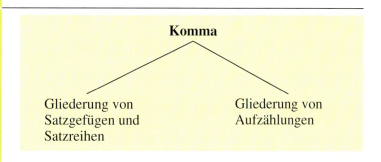

b) Das Komma macht die **Gliederung** innerhalb einer **Aufzählung** sichtbar. Das Komma trennt die Glieder einer Aufzählung gegeneinander ab.
Siehe Nr. 165–167.

c) Das Komma ist **kein Atemzeichen** und **kein Rhythmuszeichen.** Es dient nicht zur Kennzeichnung der Stellen, an denen die Schreibenden beim Sprechen eine Atempause machen würden.

Deshalb ist es kein erfolgversprechender Weg, die Kommas beim Schreiben „nach Gefühl" zu setzen. Vielmehr muss man sich die Baupläne seiner Sätze klar machen.

Für die Hilfe, mit der man am schnellsten Nebensätze erkennt, siehe Nr. 154 und vgl. Nr. 40.

153 Zur ersten Aufgabe des Kommas: Gliederung von Satzgefügen und Satzreihen

Das **Komma** trennt den **Nebensatz** von einem Hauptsatz ab:

– den nachgestellten Nebensatz (Nachsatz),

Daniel spielte Anna den Ball zu, *weil diese jetzt frei stand.*

– den vorangestellten Nebensatz (Vordersatz),

Weil Anna jetzt frei stand, spielte ihr Daniel den Ball zu.

– den eingefügten Nebensatz (Zwischensatz).
(Der eingefügte Nebensatz wird in ein Kommapaar eingeschlossen: **paarige Kommas.**)

Daniel spielte Anna, *weil sie jetzt frei stand,* den Ball zu.

(Vgl. Nr. 42b))

154 Wie erkenne ich die Nebensätze?

Für die richtige Zeichensetzung ist es wichtig, in einem Text die **Nebensätze** zu erkennen.

a) Zum Erkennen der Nebensätze ist die Beachtung der **Personalformen des Verbs** das wichtigste Hilfsmittel.
Bei den meisten Nebensätzen steht die **Personalform des Verbs** (die finite Verbform, das Verbum finitum) **am Satzende**.

Einleitewort	verschiedene Satzglieder	Personalform des Verbs

weil Daniel es ihm versprochen hatte

Oder die Stellung der Satzglieder lässt sich so **umwandeln**, dass die Personalform des Verbs ans Satzende kommt.

..., obwohl die Jungen nicht dabei gewesen *waren* bei der Besprechung.
⇨ ..., obwohl die Jungen nicht bei der Besprechung dabei gewesen *waren*.

b) Am **Satzanfang** der Nebensätze steht als **Einleitewort**

– entweder eine unterordnende Konjunktion

weil, obwohl, dass usw.

– oder ein Relativpronomen

der, die, das; welcher; wer, was; bei dem usw.

– oder ein Relativadverb.

woher, wann, weshalb usw.

c) Die Nebensätze sind also an der **Nebensatzklammer** zu erkennen, die sie einfasst.

| weil Daniel es ihm versprochen hatte |

| – unterordnende Konjunktion – Relativpronomen – Relativadverb | Personalform des Verbs |

Vgl. Nr. 40 und 41 sowie auch Nr. 43.

---

55 Das **Komma** trennt den **Nebensatz** von einem übergeordneten Nebensatz ab.

Anna lief sich frei, weil sie den Ball haben wollte, *den Daniel sehr schnell nach vorne gebracht hatte*.

---

56 Bei **Vergleichen** wird dann ein Komma gesetzt, wenn ein **ganzer Vergleichssatz** folgt (Komparativsatz, vgl. Nr. 42c));

Das war mehr, *als wir vertragen konnten*. Dieser eine leistete an einem Tage mehr, *als die anderen in vier Tagen fertig gebracht hatten*.

andernfalls wird kein Komma gesetzt.

(Vergleich, aber kein Vergleichssatz:) Dieser eine leistete an einem Tage mehr *als die anderen in vier Tagen*.

---

57 a) **Besonderheiten beim Nebensatzanfang:** Besteht der Anfang eines Nebensatzes aus **mehr als einem Einleitewort**, so wird das Komma **vor die ganze Wortgruppe** gesetzt.

Sie wollten bis Worms radeln, *auch wenn* sie die letzten Kilometer bei Dunkelheit fahren müssten.

Ich habe Tom selten gesehen, *aber wenn* wir uns trafen, haben wir ausführlich miteinander gesprochen.

Die Freunde entdeckten Florian, *gleich als* er das Haus verließ.

Wir wollen morgen nach Stavenhagen, *ganz gleich wie* das Wetter wird.

Als Wortgruppen dieser Art kommen vor allem vor:

auch wenn	ferner:
außer dass, außer wenn, außer wo	je nachdem ob
als dass	je nachdem wie
anstatt dass	vor allem weil
ohne dass	besonders wenn
nämlich dass, nämlich wenn	besonders weil
selbst wenn	insofern als

b) **und + unterordnende Konjunktion:** Wenn *und* ein **Satzgefüge** anbindet, das mit einem Nebensatz beginnt, so wird das Komma vor das *und* gesetzt, entsprechend bei *oder* und anderen nebenordnenden Konjunktionen.

Tom kam spät nach Hause, *und weil* er sehr hungrig war, setzte er sich sofort zu Tisch.

158 Das **Komma** lässt sich dazu verwenden, die **satzwertige Infinitivgruppe** (vgl. Nr. 42a)) vom übergeordneten Satz abzutrennen.

Anna bemühte sich erfolgreich, *den Ball tadellos anzunehmen.* (erweiterter Infinitiv)

oder:

Um zu fangen, sprang sie sehr hoch. (Infinitiv mit *um/ohne/anstatt zu*)

oder:

Sie sprang, *um sicher zu fangen,* steil in die Höhe. (Infinitiv mit *um/ohne/anstatt zu*)

Nach dem amtlichen Regelwerk gehört ein solches Komma zur möglichen Kommasetzung (vgl. Nr. 160); man darf es weglassen. Es empfiehlt sich aber, das Komma in jedem Fall zu setzen, weil andernfalls die Satzgebilde für den Leser zu unübersichtlich würden.

159 a) Das **Komma** lässt sich dazu verwenden, die **satzwertige Partizipgruppe** (vgl. Nr. 42 a)) vom übergeordneten Satz abzutrennen.

Anna lief sofort wieder ins Mittelfeld, *von allen Zuschauern umjubelt.*

oder:

Den ganzen Körper mächtig streckend, warf Anna den Ball in hohem Sprung in den Korb.

oder:

Anna warf, *den ganzen Körper mächtig streckend,* den Ball in hohem Sprung in den Korb.

Nach dem amtlichen Regelwerk gilt bei der satzwertigen Partizipgruppe das Gleiche wie in Nr. 158, und es gilt auch die gleiche Empfehlung.

b) Die gleiche Kommasetzung wie bei der satzwertigen Partizipgruppe wird auch verwendet bei Wortgruppen, die einer **satzwertigen Partizipgruppe ähnlich** sind.	Die Wanderer versammelten sich vor dem alten Stadtbrunnen, *die Rucksäcke schon auf den Schultern*. oder: *Die Karte in der Hand,* suchten die Wanderer sehr gründlich nach der richtigen Abbiegung. oder: Die Wanderer suchten, *die Karte in der Hand,* sehr gründlich nach der richtigen Abbiegung

60 a) Nach dem amtlichen Regelwerk darf man in den meisten Fällen bei der satzwertigen Infinitivgruppe und bei der satzwertigen Partizipgruppe das Komma weglassen (**fakultatives Komma, mögliche Kommasetzung**).

Sophie versuchte vergeblich (,) den Ball mit ihrer Hand *zu erreichen*.

Sophie streckte ihren linken Arm nach oben (,) *um* den Ball aus seiner Bahn *zu lenken*.

Kräftig abspringend (,) unternahm Sophie diesen Versuch.

[Auch in den Beispielsätzen zu Nr. 158 u. 159a) wäre es erlaubt, das Komma wegzulassen.]

b) Das Komma darf aber **nicht in allen Fällen weggelassen** werden.

Das Komma **m u s s** gesetzt werden (**obligatorisches Komma**),

– wenn die satzwertige Infinitiv- oder Partizipgruppe durch ein hinweisendes Wort oder durch eine hinweisende Wortgruppe **angekündigt** wird

Anna schaffte *es* , den Ball sicher in den Korb zu bringen.

Anna dachte nicht *daran* , den Ball noch einmal abzugeben.

weitere hinweisende Wörter oder Wortgruppen: das, dafür, dazu, zu dem Zweck, in der Absicht, mit dem Ziel

– oder durch ein Wort oder eine Wortgruppe **wieder aufgenommen** wird

Den Ball noch einmal abzugeben, *das* hätte keinen Vorteil gebracht.

Den Ball aus seiner Bahn abzulenken, *mit dieser Absicht* streckte die Gegenspielerin ihren Arm aus.

Den Ball aus seiner Bahn abzulenken, *damit* hatte die Gegenspielerin keinen Erfolg.

– oder wenn die satzwertige Infinitiv- oder Partizipgruppe in einen Satz **eingeschoben** ist und dadurch dessen Fluss hemmt;

das gilt auch für die Wortgruppen, die einer satzwertigen Partizipgruppe ähnlich sind (vgl. 159b)),

Anna, *um* sicher fangen *zu können,* sprang sehr hoch.

Anna, *sich gewaltig streckend,* warf den Ball sicher in den Korb.

Die Wanderer suchten, *die Karte in der Hand,* sehr gründlich nach der richtigen Abbiegung.

– oder wenn die satzwertige Partizipgruppe (oder eine ähnliche Wortgruppe) **nachgestellt** ist (**Nachtrag**, vgl. Nr. 162).

Die Kinder stürmten auf das Planschbecken zu, *aus vollem Halse lachend.*
Das Baby stand auch bei großer Kälte zum Schlafen im Kinderwagen auf dem Balkon, *bis zur Nasenspitze warm zugedeckt.*

161 Das **Komma** trennt die Teilsätze einer **Satzreihe** voneinander ab.

(Vgl. Nr. 39; man kann mit Blick auf die Zeichensetzung die Satzreihe auch als eine Aufzählung von Hauptsätzen auffassen.)

Die Teilsätze einer Satzreihe können durch eine Konjunktion miteinander verknüpft sein.

▬▬, ▬▬, ▬▬, ▬▬.

Die Sonne schien, viele Kleinkinder tummelten sich auf dem großen Spielplatz, die meisten spielten im Sand, einigen gefiel es im Planschbecken noch besser.

▬▬, denn ▬▬.

Die Erwachsenen konnten ungestört miteinander plaudern, *denn* auf dem großen Spielplatz im Stadtpark beschäftigten sich die Kinder alle selbst.

Für den besonderen Fall der Satzreihe mit dem Verknüpfungswort *und* oder *oder* oder *sowie* siehe Nr. 167.

162 Das Komma trennt **alle Teile** ab, **die den Fluss des Satzes hemmen**, wie z.B.
– **Anreden,**

„*Sophie*, sieh dich doch einmal schnell um!"

– **Einschübe** (vgl. auch Nr. 159b)),

Nachts, *d. h. nach 24.00 Uhr*, ist der doppelte Fahrpreis zu zahlen.
[Die Einschübe werden in Kommas eingeschlossen: **paarige Kommas.**]

– **nachgestellte Teile (Nachträge),**

Gestern sind sehr viele Dächer abgedeckt worden, *durch den Sturm.*
Verlassen Sie mein Haus, *und zwar sofort!*
Diese Buslinie ist gut ausgelastet, *vor allem morgens und abends.*

– **Verdoppelungen, Wiederholungen,**

Der Sturm, dieser außergewöhnlich heftige Sturm hat vieles verwüstet.

– **nachgestellten oder eingeschobenen Begleitsatz** in der direkten Rede (vgl. Nr. 174 d) u. c)).

„Kommen die Mädchen gleich nach?", *fragte ihn seine Tante.*
„Die Mädchen", *sagte der Bruder*, „kommen gleich nach."

In einigen Fällen gewinnt der Schreibende **Möglichkeiten besonderer Hervorhebung** oder hat Wahlfreiheit.

Theo ließ vor Schreck den Teller fallen.
Theo ließ, *vor Schreck*, den Teller fallen.
Theo ließ den Teller fallen, *vor Schreck.*

63 Zu den Einschüben gehört auch die **Parenthese** (eingeschobener Hauptsatz oder eingeschobenes Satzgefüge; das Anfangswort wird kleingeschrieben).

Auf dem Nachhauseweg, *es war mitten im Winter*, überraschte uns ein Gewitter.
Die Nachbarin, *du weißt schon, wen ich meine*, sah lange vom Balkon herunter.

Man kann die Parenthese – und auch andere Einschübe – statt in Kommas auch in **Gedankenstriche** oder in **Klammern** einschließen.

Auf dem Nachhauseweg – *es war mitten im Winter* – überraschte uns ein Gewitter.
Auf dem Nachhauseweg *(es war mitten im Winter)* überraschte uns ein Gewitter.

64 Nachgestellte Appositionen (Erweiterungen eines Substantivs [Nomens] durch ein nachgestelltes Substantiv im gleichen Kasus) müssen immer in Kommas eingeschlossen werden (paarige Kommas) (vgl. Nr. 33).

Ich musste erst noch Moritz, *meinem alten Freund*, helfen.

65 Zur zweiten Aufgabe des Kommas: Gliederung von Aufzählungen

a) Das **Komma** trennt die **Glieder einer Aufzählung** voneinander.

▨▨▨, ▨▨▨, ▨▨▨ ▭.
Schwimmen, Langlauf, Basketball sind meine drei Lieblingssportarten.

▭ ▨▨▨, ▨▨▨, ▨▨▨.
Die Schüler kommen *teils zu Fuß, teils mit dem Fahrrad, teils mit dem Bus*.

b) Es können **aufgezählt** werden:

– **Wörter**;

Die vier Jahreszeiten sind *Frühling, Sommer, Herbst* und *Winter*.

– **Wortgruppen**,

Man kann diese Aufgabe *im Kopf, auf dem Papier, mit dem Taschenrechner* lösen.

darunter auch mehrstellige Wortfolgen;

Wir wollen *eine längere Radtour machen, unterwegs in einem der Badeseen schwimmen, danach Ball spielen, aber trotzdem rechtzeitig nach Hause kommen*.

– **Sätze** (gleichrangige Teilsätze):

• **Hauptsätze**

▬▬, ▬▬, ▬▬.
Die Wolkendecke reißt auf, die Sonne bricht durch, Julia und Martin mieten an der Anlegestelle ein Ruderboot. (**Satzreihe**; vgl. Nr. 161)

• oder **gleichrangige Nebensätze**; (*gleichrangig* bedeutet: Von den beiden Nebensätzen ist keiner einem der anderen Nebensätze untergeordnet).

▬▬, ▬▬, ▬▬, ▬▬.
Laura wusste, *dass Fatima ihr helfen wollte, dass sie schon unterwegs war, dass sie in wenigen Minuten durch die Tür treten musste*. (**gleichrangige Nebensätze**)

Gegenbeispiel: ungleichrangige Nebensätze

Laura wusste, *dass Maria gefragt hatte, ob sie sofort kommen soll.*

Der 3. Teilsatz [ein Nebensatz] ist hier mit dem 2. Teilsatz [ebenfalls ein Nebensatz] nicht gleichrangig. Teilsatz 3 ist dem Teilsatz 2 untergeordnet. (Vgl. Nr. 155)

c) Die Glieder einer Aufzählung können auch
– durch eine **Gegensatz-Konjunktion** (*aber, jedoch, sondern*)

Er sang nicht schön, *aber* laut.
Er versuchte es erneut, *jedoch* vergebens.
Es waren nicht vier, *sondern* zehn Kamele.

– oder durch das **negierende Adverb** *nicht* oder durch **das negierende Pronomen** *kein*

Laura wollte am Dienstag, *nicht* am Mittwoch kommen.
Wir erwarten Sonnenschein, *keinen* Regen.

– oder durch eine **Satzteil-Konjunktion**
miteinander verknüpft sein.

teils zu Fuß, *teils* mit dem Fahrrad, *teils* mit dem Bus

Jedoch steht vor **nachgestelltem** *aber* kein Komma.

Susi kam sofort, Laura *aber* erst nach zehn Minuten.

d) Bei der **Aufzählung** von **Wörtern** und **Wortgruppen** gilt:

und löscht das Komma;

d. h. wenn die Glieder der Aufzählung durch *und* oder eine andere **nebenordnende Konjunktion** miteinander verknüpft sind, steht zwischen ihnen **kein Komma**.

Die Schüler kommen teils zu Fuß, teils mit dem Fahrrad *und* teils mit dem Bus.
Die Schüler kommen zu Fuß, mit dem Fahrrad *oder* mit dem Bus.

Das Komma ist gleichsam „ersetzt" durch *und, oder* beziehungsweise eine andere nebenordnende Konjunktion.
(Vgl. Nr. 11)

Als solche **nebenordnenden Konjunktionen** kommen in Betracht:
und   sowohl ... als auch
oder   weder ... noch
sowie (= ‚und')

166 **Feinheiten des sprachlichen Ausdrucks: gleichrangige und ungleichrangige Attribute**

Das **Komma** zwischen Attributen legt in manchen Stellen die genaue Bedeutung einer Wortfolge fest:

– Sind die **Attribute gleichrangig,** steht ein Komma.

der *dritte, aufregende* Tag
[Der gemeinte Tag hat zwei Eigenschaften. Er ist
1. der dritte (z. B. seit der Abfahrt)
2. aufregend;
gleichrangige Attribute: Adj. + Adj. + Substantiv]

– Wenn kein Komma steht, sind die Attribute **nicht gleichrangig,** sondern das linke Attribut erweitert den gesamten übrigen Ausdruck.

der *dritte aufregende* Tag
[Es gab oder gibt mehrere aufregende Tage. Von diesen aufregenden Tagen ist jetzt der dritte gemeint;
ungleichrangige Attribute: Adj. + (Adj. + Substantiv)]

Das Komma zwischen Attributen ist für die Schreibenden ein feines Mittel der **Leser-Lenkung.** Mit dieser Kommasetzung kann ausgedrückt werden, wie der Leser den Text verstehen soll.

ferner:
das *oberste, renovierte* Stockwerk
[Das oberste Stockwerk ist renoviert, die anderen nicht.]

das *oberste renovierte* Stockwerk
[Mehrere Stockwerke sind renoviert. Von diesen ist jetzt das oberste gemeint.]

neue, umweltfreundliche Verfahren
[Es gibt neue Verfahren, und die sind – im Gegensatz zu den alten – umweltfreundlich.]

neue umweltfreundliche Verfahren
[Es gibt umweltfreundliche Verfahren, und von diesen gibt es jetzt eine neue Art.]

167 Für die **Aufzählung von gleichrangigen Teilsätzen** mit *und* (oder einer anderen nebenordnenden Konjunktion) (vgl. Nr. 165b)) gilt eine Sonderregelung:

Der Schreibende kann in einer Aufzählung mit *und* (oder einer anderen nebenordnenden Konjunktion; vgl. Nr. 165d)) das Komma weglassen oder es setzen.

▬▬▬▬ (,) und ▬▬▬▬ .
Die Wolkendecke reißt auf (,) *und* die Sonne bricht durch. (*zwei Hauptsätze als Teilsätze einer Satzreihe*)

▬▬▬▬ , ▬▬▬▬ (,) und ▬▬▬▬ .
Laura wusste, dass Fatima ihr helfen wollte (,) *und* dass sie schon unterwegs war. (*zwei gleichrangige Nebensätze als Teilsätze eines Satzgefüges*)

168 **Ein notwendiges Komma vor *und* sowie anderen Konjunktionen:**
In Aufzählungen mit *und* (oder einer anderen nebenordnenden Konjunktion) **m u s s** vor dem *und* (usw.) dann ein Komma gesetzt werden,

– wenn vor dem *und* (usw.) ein Nebensatz als **Zwischensatz** (vgl. Nr. 42b) und 153)

▶ ▬▬▬, ▬▬▬, und ▬▬▬.

Das Haus, *das am Fluss steht*, *und* das Haus auf der Bergkuppe gehören dem gleichen Eigentümer.

(*Das gilt auch in dem Fall, in dem der Zwischensatz in einen Nebensatz eingefügt ist*:)
Die Kinder, die gerade hitzefrei bekommen hatten, *weil es wärmer als 27° C war*, *und* die jetzt schnell zum Baden wollten, rasten auf ihren Fahrrädern nach Hause.

– oder wenn an dieser Stelle ein anders gearteter **Einschub** (vgl. Nr. 162)

Robin, *heute wieder gut in Form*, *und* sein Bruder wurden gemeinsam Sieger.

eingefügt ist. (Vgl. Nr. 174e)).

169 **Mögliche Kommasetzung**

Der Schreibende **k a n n** ein **Komma** setzen:
– vor und nach **formelhaften (bzw. verkürzten) Nebensätzen,**

Wie gesagt (,) es war mitten im Winter.
Die Krankenschwester kommt (,) *wenn nötig* (,) auch nachts.

– um **Missverständnisse auszuschließen,**

Sie rieten, ihm zu folgen. ↔ Sie rieten ihm, zu folgen.
Ich empfehle, Sascha zu helfen. ↔ Ich empfehle Sascha, zu helfen.

– zwischen **gleichrangigen Teilsätzen mit** *und* oder einer anderen nebenordnenden Konjunktion,

siehe Nr. 167

– vor und nach **satzwertigen Infinitivgruppen** und **satzwertigen Partizipgruppen.**

siehe Nr. 158–160

170 Das **Semikolon** (Strichpunkt) wird zwischen zwei Sätze gesetzt, wenn ein Punkt eine zu scharfe Trennung bedeuten würde, weil diese beiden Hauptsätze inhaltlich eng zusammenhängen.

▬▬▬ ; ▬▬▬.

Die Vorstellung war zu Ende; die Leute kamen heraus.

71 Der **Doppelpunkt** dient der Ankündigung:
- vor allem der Ankündigung der wörtlichen Rede (vgl. Nr. 174b))
- aber auch anderen Ankündigungen, insbesondere der Ankündigung von Aufzählungen.
- Manchmal dient der Doppelpunkt auch zur besonderen Hervorhebung.

Großschreibung nach dem Doppelpunkt nur dann, wenn **ein ganzer Satz** folgt, sonst **Kleinschreibung**.

Laura rief: „Stefan, kannst du mir helfen?"

Die Namen der Monate sind: Januar, Februar, März, …

Sie wusste, auf wen sie besonders achten musste: auf die Rechtsabbieger.

Mein Problem war: *Wie komme ich nach Ribnitz?*

Sie wusste, auf wen sie achten musste: *auf* die Rechtsabbieger.

72 Der **Apostroph** dient als **Auslassungszeichen**.
a) Der Apostroph wird gesetzt
- zur Kennzeichnung des Genitivs bei **Eigennamen**, die
  • auf **-s, -ss, -ß**

  • oder auf einen verwandten Laut (**-tz, -z, -x, -ce**) enden,

- bei Wörtern mit **Auslassung,** die ohne Apostroph schwer zu lesen wären.

b) Ein Apostroph **k a n n** gesetzt werden bei möglichst exakter schriftlicher Wiedergabe mündlicher Äußerungen.

c) Bei der **kontrahierten** Form von **Präposition + Artikel** wird der Apostroph **nicht** verwendet.

Ines' Lieblingsbuch, Jonas' Schultasche, Aristoteles' Schriften

Heinz' Geburtstag, Alice' Spielzeug
Jedoch **kein** Apostroph bei Artikel, Possessivpronomen o. Ä.: die Schriften *des* Aristoteles

in wen'gen Augenblicken, 's ist auf ewig schade, 's wär' schade

„Ich lass' das nicht zu."
„Das wär' aber 'ne große Leistung."
„Das wär' schad'."
„Bitt'schön, nehmen S' Platz!"

beim, am; zur; ans, aufs, fürs

73 Die **Anführungszeichen** (auch: Anführungsstriche, „Gänsefüßchen", „Häkchen")
a) werden hautptsächlich für die Kennzeichnung der **wörtlichen Rede** verwendet. Die wörtliche Rede wird durch Anführungszeichen **eröffnet** und durch Anführungszeichen **abgeschlossen**.
(Vgl. Nr.174a)

Theo sagte: „Morgen Vormittag bin ich schon in Stuttgart." Claudia sah ihn an. „Am Nachmittag werde ich in Freiburg sein", fuhr er fort. „Da hast du ja", bemerkte sie, „einen anstrengenden Tag vor dir."

b) Man verwendet sie auch
- um ein **kurzes Zitat** zu kennzeichnen,

Julia und Anna waren am Sonntag 100 km mit dem Rad gefahren, „nur um nicht einzurosten", wie sie sagten.

- um anzuzeigen, dass man als Schreibender vom Ausgesagten deshalb **abrückt,** weil man den Wahrheitsgehalt bezweifelt oder weil man das Gesagte für unwahr hält

Keine meiner Freundinnen hat das Buch des „Erfolgsschriftstellers" zu Ende gelesen.
[Ist der Autor wirklich ein erfolgreicher Schriftsteller?]

oder weil man **ironisch das Gegenteil** des Gesagten **ausdrücken** will,

Meine Schwester hatte die hässliche Schüssel „aus Versehen" fallen lassen. [d. h. hier: absichtlich]

- um **einzelne Wörter** vom umstehenden Text **abzuheben,**

Ich kann beweisen, dass „trotzdem" keine Konjunktion (Bindewort) ist, sondern ein Adverb (Umstandswort).

- um **Buchtitel** usw. zu kennzeichnen.

Ich finde Goethes „Erlkönig" außerdem auch noch interessant.

c) **Halbe Anführungszeichen** benutzt man dann, wenn **innerhalb von Anführungszeichen** wieder etwas mit Gänsefüßchen versehen werden muss oder soll.

Tobias sagte: „Danach hat Tom ‚Hilfe, Hilfe!' geschrien."

„Und das nannte der Arzt nun ‚vorsichtig einrenken'!", berichtete sie empört.

Außerdem verwendet man die halben Anführungsstriche, um zu kennzeichnen, dass man einen **Wortinhalt** darstellt (auch „semantische Anführungszeichen" genannt).

Autogramm: ‚eigenhändige Unterschrift'
Auto: ‚Kraftfahrzeug'

174 Zeichensetzung in der direkten Rede

Statt Begleitsatz heißt es manchmal „Einleitungssatz", „Redeeinleitung".

Daniel sagte:	„Es regnet schon seit Stunden."
Begleitsatz	Wiedergabesatz (wörtliche Rede)

direkte Rede

a) Die **wörtliche Rede** (Wiedergabesatz) wird in **Anführungszeichen** gesetzt.

b) Der **vorangestellte Begleitsatz** (Hinleitung) wird mit einem **Doppelpunkt** abgeschlossen.

Grundform der Zeichensetzung bei der direkten Rede:

Begleitsatz**: „**Wörtliche Rede**."**

Daniel sagte: „Es regnet schon seit Stunden."

Das **Anfangswort** der wörtlichen Rede schreibt man **groß**, auch dann, wenn die wörtliche Rede nicht aus ganzen Sätzen besteht. (Vgl. e))

Der **Punkt** am Ende der wörtlichen Rede steht **vor** dem abschließenden Anführungszeichen.

c) Der **eingeschobene Begleitsatz** (Einschub) unterbricht die wörtliche Rede.

Der linke Teil der wörtlichen Rede wird durch **Anführungszeichen** abgeschlossen und der rechte Teil neu durch Anführungszeichen eröffnet.

Der eingeschlossene Begleitsatz wird **in Kommas eingeschlossen.**

Das linke Komma steht **h i n t e r** den Anführungszeichen, die den linken Teil der wörtlichen Rede abschließen.

Das erste Wort des rechten Teils wird kleingeschrieben, soweit es sich nicht um ein Substantiv (Nomen) handelt.

Endet der linke Teil der wörtlichen Rede mit einem Ausrufungszeichen, so steht zwischen dem linken Teil der wörtlichen Rede und dem eingeschobenen Begleitsatz eine Zeichenhäufung: Ausrufungszeichen, abschließende Anführungszeichen und Komma.

d) Vor den **nachgestellten Begleitsatz** (Ausleitung) setzt man ein **Komma**.

Das Komma steht **h i n t e r** den abschließenden Anführungszeichen der wörtlichen Rede.

Der nachgestellte Begleitsatz beginnt mit einem kleingeschriebenen Buchstaben.

Felix sagte: „*D*er Zug nach Rostock fährt bald ab."

Da rief auch schon der Schaffner: „*B*itte einsteigen!"
Steffi fragte: „*Wieso* jetzt schon?"
Da antwortete ihr Felix: „*W*eil es gleich losgeht."

Zeichensetzung bei der direkten Rede mit eingeschobenem Begleitsatz:

„Wörtliche Rede", Begleitsatz, „wörtliche Rede."

„Ich komme", sagte Erich, „aus Dresden."

„Ich möchte", sagte Sarah, „*s*o gerne nach Möckmühl."

Sonderfall:

„Wörtliche Rede!", Begleitsatz, „wörtliche Rede."

„Bitte!", sagte Clara zu ihrer Freundin, „komm doch schon morgen."

Zeichensetzung bei der direkten Rede mit nachgestelltem Begleitsatz

„Wörtliche Rede", Begleitsatz.

„Heute gibt es Schokoladenpudding", *s*agte Laura zu ihrem Bruder.

85

Am Ende der wörtlichen Rede steht in diesem Fall **kein Punkt**.

Innerhalb der wörtlichen Rede behalten

– Fragesätze das **Fragezeichen**,

– Ausrufe, betonte Wünsche, betonte Aufforderungen das **Ausrufungszeichen**.

In diesen Fällen kommt es zwischen wörtlicher Rede und nachgestelltem Begleitsatz zu einer Zeichenhäufung: Frage- oder Ausrufungszeichen, abschließende Anführungszeichen, Komma.

Wird nach dem nachgestellten Begleitsatz die wörtliche Rede **fortgesetzt,** so werden erneut Anführungszeichen gesetzt und das erste Wort der Fortsetzung wird großgeschrieben.

e) Wird bei **vorangestelltem Begleitsatz** der Begleitsatz nach der wörtlichen Rede **fortgesetzt,** so wird vor diese Fortsetzung ein Komma gesetzt (vgl. oben Punkt b); dies gilt auch, wenn die Fortsetzung mit *und* beginnt). Das erste Wort der Fortsetzung wird kleingeschrieben, soweit es sich dabei nicht um ein Substantiv (Nomen) handelt.

Am Ende der wörtlichen Rede wird in diesem Fall der Punkt gelöscht, aber Fragezeichen und Ausrufungszeichen bleiben stehen, und es kommt zu einer Zeichenhäufung. (Vgl. d))

Sonderfall:

„Wörtliche Rede**?**" *oder* **!**", Begleitsatz**.**

„Kommt ihr jetzt herauf?", rief Frau Schneider.

„Ich will aber nicht!", rief Carla zurück.

„Wie viele Minuten sind es noch bis zur Abfahrt des Zuges nach Stralsund?", fragte die Frau. „*I*ch muss nämlich noch auf meine Tochter warten. Sie will auch mitkommen."

Sonderfall:

Begleitsatz**:** „Wörtliche Rede"**,** Fortsetzung des Begleitsatzes**.**

Moritz rief: „Die Birne haben wir doch schon eingeschraubt", *und ging auf die Steckdose zu.*

Claudia fragte: „Könnt ihr jetzt kommen?", *während sie schon mit dem Auspacken anfing.*
Sie rief: „Kommt doch endlich!", *und suchte schon den Gerätestecker hervor.*

Register

(Die Zahlen verweisen auf die Nummern links neben den farbigen Spalten)

Ableiten (als Rechtschreibhilfe) **47**, 56, 72, 81, 82, 84, 86f., 93
Ableitung (bei der Wortbildung) 94, 96
Adjektiv 1, **6**, 8, 14, 30, 32, 33, 45, 102, 106, 107, 112–21, 132, 135, 137, **140**, 143
Adverb 1, **9**, 30, 33, 35, 41, 45, 100, 107, 122f., 125–8, 135, 143, 144, 154, 165
Adverbiale (= adverbiale Bestimmung) **30**, 31, 33, 45, 100
Adverbialsatz 42
Adversativsatz 42
Akkusativ **5**, 7, 29, 42, 44f.
-objekt 29, 42, 44f.
Aktiv 19, 21
Anführungszeichen 173, 174
–, halbe 173
Apostroph 172
Apposition 33, 164
Artikel 1, **4**, 10, 45, 76, 114, 136, 137, 172
Attribut **33**, 42, 45, 136, **166**
-satz 42
Aufforderungssatz 36, 151
Aufzählung 152, 161, **165**
Auskunftsfrage **36**, 43
Ausrufe-/Ausrufungszeichen 151, 174
Aussagesatz 36

Bedingungssatz (Konditionalsatz) 42, 43
Begleitsatz (bei Redewiedergaben) 24, 42, 162, **174**
Bindestrich 109–11
Bruchzahl **8**, 127, 135
Buchtitel, Schreibung 134, 173

das/dass-Regel 76
Dativ **5**, 7, 29, 45
-objekt 29, 45
Dehnungs-e 48, **49**
Dehnungs-h 48, **49**, 66, 67
Deklination **5**, 7
Demonstrativpronomen 1, **7**, 33, 76
Denominalisierung 143
Desubstantivierung 143
Diphthong (Zwielaut) 49, 53–7
direkte Rede 129, 162, 173, **174**
Doppelpunkt 129, **171**, 174
Doppelschreibung 64, 77, 89, 91, 92, 115, 118, 128, 141, 149
Durchkoppelung 109

Einleitewort (im Nebensatz) **41**, 42, 43, 45, **154**, 157
Einleitungssatz (in Redewiedergaben) s. Begleitsatz
Einschub 162, 168, 174
Entscheidungsfrage **36**, 43
Ergänzungsbindestrich 111
Ersatzformen (beim Konjunktiv) 26f.

Femininum 5, 7
Finalsatz 42
finite Formen (des Verbs) 13, 154; vgl. Personalformen

Frage 25, **36**, 151, 174
-adverb **9**, 41, 43
-pronomen 1, **7**, 43
-satz 25, **36**, 151, 174
-wort 7, 9, 41, 43
-zeichen 151, 174
Fremdwort, Schreibung 59, 78, 89, 91f.
Fugen-h 47, 53, 66, **67**
Futur (I) 16, **17**, **18**, 21, 22, 24, 26, 27
Futur II 16, 18

Gedankenstrich 163
Genitiv **5**, 7, 29, 33, 172
-objekt 29
Genus 5
Genus Verbi s. Handlungsarten
Getrennt- u. Zusammenschreibung 99–128
–, Adjektive und Partizipien 112–21
  Diagramm dazu 121
–, Substantive (Nomen) 108–11
–, Verben 100–7
  Diagramm dazu 107
–, andere Wortarten 122–28
gleichrangige Attribute 166
– Teilsätze 165, 167
Gleichsetzungsakkusativ 32
Gleichsetzungskasus 32
Gleichsetzungsnominativ 32
Gliedsatz 35
Groß- u. Kleinschreibung 33, 109, 129–45, 171, 174
Großzahl 8
Grundstufe (Positiv) 6
Grundwort 2, 29, 59, 63, 84; vgl. Wortstamm, Stammwort

halbe Anführungszeichen 173
Handlungsarten (des Verbs) **12**, 19–21
Handlungspassiv 21
Hauptsatz **35**, 37–9, 40, 44f., 153, 161, 163, 165, 167, 170
Hilfsverb 15, 18, 21
Höflichkeitsanrede **7**, 138

Imperativ 22
Indefinitpronomen 1, **7**, 136, **142**, 143
Indikativ 22
indirekte Rede **23f.**, 42, **43**
indirekter Fragesatz 42, **43**
infinite Formen (des Verbs) 14, 29, 38; vgl. Infinitiv, Partizip
Infinitiv 12, **14**, 15, 18, 21, 42, 45, 47, 104, 105, 109, 115, 121, 158, 160, 169
-gruppe **42**, 45, **158**, 160, 169
Interjektion 1
Interrogativpronomen s. Fragepronomen

Kardinalzahl **8**, 135, **141**, 145
Kasus **5**, 7
Klammerbau
  – im Hauptsatz 38
  – im Nebensatz 40f., 154
Komma 152, 153–69, 174

– bei „und" 165, 167–9, 174
– in Aufzählungen 165–7
– in Satzgefüge und Satzreihe 153–64
– mögliches (fakultatives) K. 160, 167, **169**
– paariges K. 153, 162, 164, 174
Komparativ 6
-satz 42, 156
Konditionalsatz 42, 43
Konjugation **2**, 12–27
Konjunktion 1, **11**, 35, 39, 41–3, 45, 76f., 124f., 135, 143, 154, 157, 161, 165, 167–9, 174
Konjunktionalsatz 42
Konjunktiv I 22, **23f.**, **26**, 43
– II 22, **25**, 26, **27**
Konsekutivsatz 42
Konsonanten, Schreibung
  b – p: 81
  ch: 80
  ck – kk: 79
  d – t (dt – tt): 82–5
  g – k, g – ch: 86–8
  h: 66f.
  s – ß – ss: 68–77
  th – rh: 91f.
  v – f – pf – ph: 89f.
  x – ks – cks – gs – chs: 78
  z – tz: 78
Konsonantenhäufung 48, **49**, 51, 61f.
Konsonantenverdoppelung 48, **49**, 59, 60–2
Konzessivsatz 42
Kürzezeichen 48, **49**, 58–62, 71

Längezeichen **49**, 50, **66f.**
Lokalsatz 42

Maskulinum 5, 7
Modalsatz 42

Nachsatz 42, 153
Nachsilben, Schreibung 94, 96
Namen, Schreibung 33, 109, **131**, 132, 172
Nebensatz 24, 35, **40**, 41–3, 45, 152f., **154**, 165, 167, 168f.
–, gleichrangiger 165, 167, 169
Nebensatzklammer 40f., **154**
Neutrum 5, 7
Nomen (= Substantiv) 1, **3**, 8, 29, 30, 32, **44f.**, 103, 105, 107, 108–11, 120, 130f., 133, 135f., **140**, 141, 143, 144
Nominalisierung 135f., 141
Nominativ **5**, 7
Numerale (= Zahlwort) 1, **8**, 33, 45, 127, 135, 136, 145
–, unbestimmtes 8, 135, 136
Numerus 2, **5**, 7, **12**, 13

Objekt **29**, 31, 42, 44f., 136
-satz 42
Ordinalzahl **8**, 33, 131, 135

Parenthese 163
Partikel 1, **9**, 100, 106, 107

87

(Die Zahlen verweisen auf die Nummern links neben den farbigen Spalten)

Partizip **14,** 15, 18, 21, 42, 96, 104, 107, 112–21, 135, 137, 169
-gruppe (auch: Partizipialgr.) **42, 159,** 160, 169
Passiv 19–21
Perfekt 16, **17, 18,** 21, 22, 24–7
Person 2, 7, **12,** 13
Personalformen (des Verbs) (= finite Verbformen) **13,** 15, 29, 35, 37f., 40f., 43, 47, 154
Personalpronomen 1, **7,** 29, 45, **138**
Plural 2, 5, 7, 13
Plusquamperfekt 16, **17, 18,** 21
Positiv (Grundstufe) 6
Possessivpronomen 1, **7,** 33, 44f., **138**
Prädikat 29, **44f.**
Prädikativ (= Prädikatsnomen) 32, 45
Prädikatsnomen (= Prädikativ) 32, 45
Präposition 1, **10,** 30, 31, 33, 42, 45, 107, 124, 126, 135, 137, 143, 172
präpositionales Objekt 31, 45
Präsens 16, **17, 18,** 21, 22, 24–7
Präteritum 16, **17, 18,** 21
Pronomen 1, **7,** 29, 35, 41f., 44f., 76, 122, 135, 136, 138, 154, 165
Punkt 151, 170, 174

Rechtschreibhilfen **46f.,** 56, 72, 81, 84, 86f., 93
Rede
–, direkte 129, 162, **174**
–, indirekte **23f.,** 42, 43
–, wörtliche 173, **174**
-einleitung *s. Begleitsatz*
Reflexivpronomen 1, 7
Relativadverb **9,** 41f., 154
– -pronomen 1, **7,** 35, 41f., 45, 76, 154
– -satz 42

Satz **35,** 36–43, **44f.,** 129, 151, 152–64, 165–70, 171
–, Bauformen 35, 37f., 41, 43, 154
–, gleichrangiger 165, 167, 169
–, übergeordneter 24, **40,** 42, **155,** 158
–, untergeordneter 35, **40,** 155, **165**
Satzart 36, 44f.
Satzgefüge **40,** 152, 153–60, **154,** 157, 163, 165, 167
Satzglied **28,** 29–33, **34, 44f.,** 100
Satzreihe **39,**152, **161,** 165, 167
satzwertige Wortgruppe 42, 45, **158f.,** 160, 169
Semikolon 170
Singular 2, 5, 7, 13
Sprechzeitpunkt 17
Stamm *s. Wortstamm, Stammwort*
Stammformen (des Verbs) 18, 74
Stammwort 47, 59, 63, 84; *vgl. Grundwort*
Steigerung (des Adjektivs) 6
Subjekt **29,** 42, **44f.,** 136
-satz 42
Substantiv (= Nomen) 1, **3,** 8, 29, 30, 32, 33, **44f.,** 103, 105, 107, 108–11, 120, 130f., 133, 135f., 140, 141, 143, 144
Substantivierung 135f., 141

Suffix, Begriff **94,** 102, 107, 116, 121
–, Schreibung 87, 96; *vgl. Wortendung*
Superlativ 6
Syntax (Satzlehre) 35–43

Temporalsatz 42
Tempus **12,** 16–8, 21, 22, **24**
–, Bildungsweise 18
–, Verwendung 17
Tempusfolge (in indir. Rede) 24

Überordnung *s. Satz*
Umlaut 50
Umschreibung (beim Konjunktiv) 22, 25, 27
Umstellprobe 28
unbestimmtes Zahlwort **8,** 135, 136, 137, **139**
Unterordnung *s. Satz*
Unterscheidungsschreibung 52, 55, 57, 65, 75, 76, 83, 88, 89, 106, 119

Verb 1, **2, 12,** 13–27, **29,** 35, 37–43, 44f., 47, 61f., 74, 100–7, 135, 154
– finite Formen (= Personalformen) 12, 13, 15
– Handlungsarten 12, 19–21
– infinite Formen 14, 29, 38
– Modi 12, 22–7
– Personalformen u. infinite Formen 12, 13–15
– Personen und Numeri 12, 13
– schwaches V. 18, 27
– Stammformen 18, 74
– starkes V. 18, 27
– Tempora 12, **16–8,** 21, 22–7
Verbformen, zusammengesetzte **15,** 18, 21, 26f.
Verbum finitum *s. Personalform*
Verbzusatz 2, 29
Vergleich 156
-ssatz 42, **156**
Verlängern (als Rechtschreibhilfe) **46,** 81, 82, 84, 86f., 97
Vokal
–, kurzer 48, **49,** 58–65, 71, 74
–, langer 48, **49,** 50–2, 53–7, 71, 74
–, Verdoppelung 48, **49,** 50
Vollverb 15
Vordersatz 42, 153
Vorsilben, Schreibung 94f.

Wiedergabesatz
– bei direkter Rede 129, 173, **174**
– bei indirekter Rede (in Nebensatzform) **24,** 43
wörtliche Rede 173, **174**
Wortart **1,** 2–27, **44f.**
–, flektierbare 2–8
–, unflektierbare 9–11
Wortaufspaltung (beim Verb) 2
Wortendung 59, 71, 87; *vgl. Nachsilbe, Suffix*
Wortgruppe 42, 45, **114,** 121, 133, 157, 158, **159,** 160, 165, 169
Wortstamm 14, **94;** *vgl. Grundwort*
Worttrennung (am Zeilenende) 146–50

Zahladjektiv 8
Zahlwort 1, **8,** 35, 45, 127, 135, 139
–, unbestimmtes 8, **135,** 139
Zeichensetzung 151–74
Zeitangaben, Schreibung 144
Zerlegung (des Verbs im Satz) 2
Zukunft 17
Zusammen- und Getrenntschreibung *s. Getrennt- u. Zus.Schreibg.*
zusammengesetzte Verbformen **15,** 18, 21, 26f.
Zusammenschreibung *s. Getrennt- u. Zus.schreibg.*
Zusammensetzung **2,** 60, 62, 84, **99,** 100–4, **108,** 109, 112–4, 122–5, 127f., 148f.
–, feste 100, 107
–, trennbare **2,** 100–4
–, unfeste **2,** 100–4
–, untrennbare (feste) 100, 107
Zustandspassiv 21
Zwielaut *s. Diphthong*
Zwischensatz 152, 153, 168